©Taka Oda

高倉健、最後の季《と》節《き》。

小田貴月
Oda Taka

文藝春秋

高倉健、最後の季節《とき》。

コロナ禍をみつめて

「全部任せたよ」と言い残して高倉は旅立ち、

「はい、任されました」と約束した私。

今、姿は見えずとも限りなく近くに寄り添う存在として、いつも高倉を感じるようになりました。

二〇二三年冬、没後九年目を生かされている私ですが、その記憶の生々しさから、前著『高倉健、その愛。』に、書き留められなかったのが高倉の闘病、命の記録です。


前著の出版は二〇一九年十月下旬でした。

それからほどない十二月初旬、中国武漢市で感染者一例目が報告された新型コロナウイルス感染症が発表され、その後、わずか数カ月でパンデミック（感染症世界的大流行）が起こり日常は激変。日々、報道される新規陽性者数や死者数に、不安、不信、不穏、不測、不足、不快、不況など、不の付く熟語ばかりが頭をよぎりました。圧倒的な情報不足のなか、初期の頃、国内外を問わず著名な方々が相次いでお亡くなりになられたことにも不安が煽られ、この感染症による死への恐怖は確実に積み増されたように思います。すでに五十代後半の私自身も、いつ命を失ってもおかしくない予測不能な状況下におかれたことを見つめるべき時だと感じたのです。

そこで思い出されたのは、メメント・モリ　memento mori。

ラテン語の〝自分がいつか必ず死ぬことを忘れるな〟、〝死を想え〟。

コロナ禍四年目、世界各国の対応に温度差が窺えますが、決定的な収束宣言までは、まだ時間を要する気配です。

どのような病であっても、ひとたび臥せると、平常心でいることはなかなか難しいものです。高熱にうなされたり、酷い咳が続いたり、節々が痛くなったり、そんな経験があるからこそ、健康のありがたみや、成すべきときに成すべきことをやり遂げる時間の大切さに気付かされるのではないでしょうか。ましてや、このコロナ禍にあって、「僕のこと、書き残してね」と高倉から出された宿題に、悔いなく生きる覚悟で改めて取り組みました。

目次

本文写真　高倉プロモーション
題字・本文挿絵　小田貴月
装幀　大久保明子

あなたの声が聴こえます

まえがき

「もしもし、映画俳優の高倉健です」と、電話口で名乗る高倉。

「……。あっ（切られた）」

無心に、もう一度。

「今、切られてしまったのですが、映画俳優の高倉健と申します。用事があって掛けてますので、最後まで聞いてください」

たびたびあった笑えない話。


東映を辞めた高倉は個人事務所を開きました。常駐のスタッフが、仕事の依頼を受け、荷物を預かります。外部にいる高倉は、事務所スタッフから都度連絡を受け、必要に応じて本人が電話をかけることもありました。一人で身軽に移動するのも当たり前。独立したのは、やりたい仕事を自分で自由に判断したいから。何にも、縛られたくないと決めたから。

高倉が映画俳優になったのは、演劇や映像世界への憧れからではありません。その容姿をかわれ、働き口としてその門を潜《くぐ》ったのです。ユーチューブもなくテレビが普及する前、映画は娯楽の中心。活況を呈していました。

大学卒業後の就職氷河期。一旦就職を諦め故郷に戻り、一年を過ごした後、再び上京。芸能プロダクションのマネージャー見習いとしての就職面接の場で、東映の重役から東映第二期ニューフェイスとしてスカウトされたのです。一九五五年、給料を貰いながら通った養成所で、俳優訓練を受け始めました。若手俳優の輩出が急務だった映画会社は、養成期間の終わりを待たずに、高倉を『電光空手打ち』の主演に抜擢。その後の役どころは、人気女優の相手役や二枚目半が多く、『網走番外地』、『昭和残俠伝』シリーズなどの主演として看板を張れるまで、およそ十年の歳月が流れていました。

もがき抜いた末に勝ち得た人生への矜持をこめて、〝映画俳優〟を名乗り続けていたように思います。

独立後、四十七歳のときの手帳には、〝訓〟とした十五項目が書き込まれ、その一つには、〝何時《いつ》も笑って死ねる様に！〟とありました。一作ごとに悔いなく生きる決意の如く人品骨柄精進を重ね、二〇一三年秋、文化勲章受章者となりました。就いた職業のクラスをアップさせる。映画俳優、高倉の目標が叶えられた出来事でした。

そして、二〇一四年十一月十日、五十八年の現役生活に幕が下ろされました。

享年八十三。

私が高倉さんと出逢ったのは三十三歳のとき。女性誌のライターとして訪れていた香港のホテルレストランに偶然居合わせたのです。帰国後、著書やインタビュー誌などを届けられたことが、演技を離れた高倉健の素の心持ちに触れるきっかけとなりました。

年齢差は三十三、見てきた景色や経験の違いは言わずもがな。

〝健さん〟として活躍していた任侠映画は見る機会もありませんでしたし、十代の頃、映画『八甲田山』や『南極物語』の告知がテレビ画面いっぱいに映し出されていたときの、見覚えがある顔貌《かおかたち》。遠い世界に住む方でした。

私は著書についての感想を書き添えて、礼状を出しました。香港でのご挨拶のとき、高倉さんの目に宿っていた言い知れぬ渇きには触れずに。

香港以来、私は仕事で海外に出る機会が再び多くなり、旅先から高倉さんへエアメールし、帰国するとお返事が郵便受けに届けられている。そんな文通が続いていました。

そのやり取りに変化が起きたのは、私が旅番組の撮影で、およそ三週間、プロデューサーとしてイランに赴くことが決まってから。かつて、主演された映画『ゴルゴ13《サーティーン》』の撮影が、イスラムの国イランで行われていた経験から、現地では女性に対する厳しい制約があることをとても心配してくれたのです。

私たちの撮影は、イランの主だった都市を巡り進められましたが、高倉さんから、行く先々のホテルにお電話をいただきました。開口一番「大丈夫ですか」と問題が起きていないか尋ねたあと、問わず語りの、ご自身のプライベートや心模様を聞くことになりました。二時間超えとなりながらも「では、そろそろ」とは私からは、切り出せませんでした。聞き役に徹することが、高倉さんの渇きを潤すように感じられたからです。切りのよいところで、「では、続き（の話）はまた明日」と電話が切られました。

高倉さんは、映画の主演デビューを果たした四年後の一九五九年、当時人気絶頂の歌手であり女優としても活躍していた江利チエミさんと結婚。新郎二十八歳、新婦二十二歳。晴れやかな華燭の典の陰で、歴然たる収入格差をマスコミからあげつらわれ、チエミのダーリンと大いに揶揄《やゆ》されたとか。その後、次々に代表作に恵まれ、〝健さん〟の愛称とともに活躍。大いに雪辱を果たしたはずでしたが、結婚から十二年後、江利さんから弁護士を通じて離婚請求が届けられたそうです。離婚に至る原因は、当事者同士の胸の内に秘められて然るべきと思えますが、有名人夫妻の離婚はスキャンダラスに大々的に喧伝されました。人生の一大事となる書類が、代理人から届けられた疎外感や、マスコミからの配慮に欠けたプライバシー侵害に辟易した高倉さんの言葉はこうでした。

「僕は、あれ（離婚）から紙きれ（必要書類）ってなんだろうって考えるようになりました。自分の人生が、たった一枚の紙に縛られて、傷ついて。まったく馬鹿げてました。一番大事なのは、自分の気持ち。それしかないと思います。とにかく、形式に縛られるのはもう二度としたくない。それから、僕は、仕事以外では静かに過ごしていたい。仕事が終わると大抵はすぐに海外に旅に出ます」

「旅先はどんなところが多いのですか」と訊けば、

「アメリカ本土やハワイの知人を訪ねることが多かったですね。香港に移住しようと、かなり本気で思った時期があって、その準備で着るものを現地で全部誂えたんです。マオカラーのジャケットとか、もう何十着と。考えてみれば、ストレス（の捌け口）だったんですね（笑）」

仕事柄、顔が知られているという逃げ場のない不自由さ。被写体となる仕事に、無くてはならない集中力と体力、そして忍耐力。実は、私も高倉さんとは比べものにならない短い期間でしたが、同じ仕事をした経験を振り返りました。人一倍繊細な感受性が必要となる現場では、体力の消耗も甚だしく心穏やかな状況は稀なはずです。電話を受けるたび、高倉さんの心象に想いを重ねていました。

一日そしてまた一日、イランの旅が事無く進んでいたのですが、現地での通信インフラの悪さから連絡が取れなくなり、一波乱……。

詳しくは、前著『高倉健、その愛。』に記しました。

その後、日本に戻った私は、形にとらわれず、高倉という風に吹かれてみよう、HOUSEをHOMEに変え、笑顔で時に彩りを添えられるかもしれない大きな役を、引き受けてみようと思いました。

人生は一度きり。

〈そのために自分が生まれてきたと思える生き方を、他をかえりみないで、徹底的に探究する〉（須賀敦子『遠い朝の本たち』より）という言葉が、私の背中を押しました。

マグマのような熱いエネルギーの持ち主、仕事の時以外は静かに過ごしたいという高倉の求めに応え、長い時間黒子に徹し最期を看取りました。

「僕がいなくなると、さみしくなるよ〜」は、高倉が八十歳を過ぎてからの口癖でした。当たり前じゃない。いつかは見えざる存在になってしまう現実を突き付けられ、とっさに言葉を紡げずに微笑んで受け流していましたが、ある時、「確かに、そうです。きっと独りになるのはたまらないので、棺のなかに一緒に入れていただきます！」とため込んでいた思いが、ふいに口をついて出てきたことがありました。

すると、「あぁ、それは止めてくれ！　貴《たかし》は重いから」と二人して大笑いしたことが、なつかしい。

高倉が、私のことを貴《たか》ではなく貴《たかし》と呼ぶようになったのは、出生届のエピソードを話したからでした。

「母が私の出生届を役所に出しに行ったとき、受付の方が性別欄の記載漏れに気づいて、一文字だった私の名前を、貴《たか》ではなく貴《たかし》と読まれたようで。ペン先が男性欄に近づいたので、『あっ、うちの子は、女の子なんです！』と、母が慌て止めに入ったとか。女の子の名前は○○子と子を添えるのがスタンダードのような時代でしたから、祖母が菩提寺のお上人様に命名の相談をしたときも、慶子、良子など五つほど候補をもっていったそうです。その中の一つが選ばれ、さらに画数判断で『子は付けないほうがよろしい』と言われ、名

前は〝貴〟一文字になりました」と伝えると、

「それ、面白いね！　言い易いし」と。

以来、高倉からの呼び名は〝たかし〟になりました。

私は、高倉が亡くなる前年二〇一三年五月に、養女として小田姓を名乗ることになりましたが、その背景には、高倉の公的書類へのトラウマと私の母の病がありました。

二〇一一年十一月下旬、母が脳梗塞で入院。私は、いつも高倉を家から送り出してから私事に取り掛かかっていましたが、この日は、急遽、早朝に病院に向かわせてもらいました。

車を出そうとした時、高倉が真剣な面持ちで、

「何があっても狼狽《うろた》えるんじゃないぞ！」と、声をかけてくれました。持病もなく元気溌剌で、高倉とは家で何度も一緒に食事をしていた病気知らずの母。弟からの電話では、詳しい病状はわからなかったので、「何があっても……」という高倉の言葉は重く、運転中、母の笑顔が浮かんでは涙に溶けていきました。

母と病室で対面できた初日は、言葉を交わすことができませんでした。その日から一ヶ

月余り、私が毎日看病に赴く姿を見て、高倉自身の年齢と健康に対する考えに変化が……。「今日の様子はどうだった?」と、毎日訊いてくれる高倉に、担当医から聞いた症状の説明や今後の見通しを伝えました。少しずつ言葉を発せられるようになったこと、一時は、食べ物への興味がすっかりなくなっていましたが、日ごとに食べたいものをはっきりと口にできるようになってきたこと、体調に応じて、車椅子に乗ったままシャンプーをしてあげられたことなど、快方に向かっていることを話しました。

「そうか、親族じゃないと、付き添いさせてもらえないんだね。貴のお母さん、僕より全然若いんだよね。万が一のときを考えとけっていうサインなのかな」

母はその後、大きな後遺症もなく退院できました。

それから一年後、

「僕は、これからまだ仕事をする。だから、(世に知られたとき出来るだけ騒がれないために)養女というのはどうだろう」と。届出書類が何であろうと、生活には何の変化もありません。私はすべて承知しました。

私は、二〇一四年正月に高倉の体調の変化に気づきました。高倉が普段から、自らの死に対して、冷静に受け止めていることを支えに見守り続けました。

「人はいつか死ぬ。生きてるからね。
僕は、死ぬことを恐れているんじゃない。
生きてる実感がない状態が続くのが、耐えられないんだよ。
だから、できたら管まみれになりたくないし、寝たきりだってごめん。
そして何より、弱ってる姿を人に見せたいと思わない。
わかってるのは、たぶん僕は貴より先に逝く……」

死を想い、生をまっとうする。
高倉のこの強き意志を尊重し、最期を看取りました。
生ききった先に開いた永久《とこしえ》の扉。
やすらかな顔が、目に焼き付いています。
これは、命を愛《いつく》しんだ記録です。

合掌

第一章

冬うらら

「貴《たかし》、残していい?」

二〇一四年 正月

「明けましておめでとうございます。本年もどうぞよろしくお願いいたします」

二〇一四年元日も、恒例の新年の挨拶で始まりました。

「良く寝られたから、食欲もばっちり」

三百六十五日休みなく続けているルーティンワーク、朝のストレッチを済ませて高倉が一言。日ごろから、体調管理に人一倍気を付けている高倉でしたが、毎年暮れになると、人にお会いする機会も減り、やや気が緩むのか、風邪っぽい症状がみられることがありました。この時も年末から少し怪しげで、持ち直すか症状が進むか気になっていたところでしたが、いつもどおり食いしん坊の一面が見えたのでほっとしました。

小田家のお節は、高倉がご縁をいただいていたお店から、十二月の最終週に、和風や中華などの数種類が、いきつけの床屋さんに届けられるのが恒例でした。高倉本人が持ち帰

り、車からお重の包みを運んでくれますが、

「今日の（お節）は、どんな感じかな？　あとで見せて」と、わくわくしているのがわかりました。

丁寧に包まれた風呂敷を解き、お重の蓋を開けると、

「ほんとに綺麗だね、元日前だけど、傷まないうちにちょっと食べようよ。選べるっていうのは、なんと贅沢なことかねぇ。前に話したことあるだろ、寒いところの撮影の時なんか、もう、ご飯なんかしっかり凍ってて、シャリシャリ音立てながら食うんだから！」。と、凍えるような寒さと隣り合わせだった懐かしい撮影のエピソードとともに、

「そうだなあ、今晩は、これと、これがいい」と、リクエストがありました。小皿に盛り付け、前菜として食事に加えました。前倒しお節です。


元日は、普段使いでない、年に一度お披露目となる八角形の漆塗りのお膳を、キッチンの丸テーブルにセットしました。日常使いは黒塗ですが、この日は朱色。〝赤や朱色はエネルギーを貰える〟という高倉お気に入りの色で、年の初めの華やぎにぴったりでした。

高倉は、日頃から色にとてもこだわりがありました。四季の移ろいに合わせ、カーテンの色はペールピンク、若草色、アイボリー、グレージュなどに変えました。

「あぁ、なんかこれ、違う！」と、身に着けるものは、その日その時の気分に合ったものでないと納得できず、前日に準備していながらすべて一から選び直します。

普段使いのハンカチは白地のコットン製。その一角にローマ字の筆記体でＫｅｎＴａｋｕｒａと施された刺繍の色は、赤、朱、紫、茶、緑、空色、濃紺、金、銀色がありました。当日の気分で色を選んで、スラックスの右後ろポケットに差し入れます。すぐに引き出せるように、ポケットラインから斜めに一㎝ほど出しておくのが高倉流でした。

その他、食生活の色使いでも、

「料理が映えるように、お皿を白にするのはどう？」と、提案がありました。

それまで一〇〇パーセント外食だった高倉は、家にどんな食器があるかについても、まったく関心がなかったようですが、私が家で調理することが当たり前になり、俄然興味が出てきたようでした。そこで、食後にいただだたくエスプレッソ用のデミタスカップ以外の食器を、少しずつ白に入れ替えていきました。エスプレッソは、オランジェット（オレンジピールのチョコレート掛け）のようなフィンガースイーツと一緒に出すことが多かったので、色気のある個性的なカップは残しました。

元日は、朱色膳に、丸や楕円、四角、涙型、蛤型や瓢箪型の小皿に、お節を少しずつ取り分けて盛りつけ、最後にお雑煮を出しました。

元日ですがいつも通りアルコール類はなく、暴飲暴食もいたしません。

ある年、高倉が「今日はちょっとだけ飲んでみようかなぁ」とのことで、屠蘇を少し口にしたことがありましたが、食事を終える前に酔いが回り、楽しみにしていた年始の初運転を諦めた経験があったので、翌年からきっぱりやめました。

「お餅は何個にしましょうか」と、お腹の空き具合と相談してから、一口大にして椀に入れました。食べきるごとに餅を炙って、温かい作りたてを出すと、

「お母さんは、元日から三が日、雑煮の具を変えてくれてたんだよね。今日は、かしわ（鶏の肉）、次の日は魚ってね。かしわっていえば、東筑（高校）に通ってたとき、折尾っていう駅を通るんだけど、そこに、〝かしわめし〟って駅弁売っててね。あっちでは、鶏肉のこと、かしわっていうんだよ。関東では聞かないね。その駅弁は、鶏のスープの炊き込みご飯の上に、鶏そぼろと錦糸卵と刻み海苔がのっかってるの。僕にとっては、いってみれば青春の味だね。貴、食べたことないでしょ。チャンスがあったら食べさせたいな。かしわめし、作ってほしいよ」

お雑煮を食べるときは、お母さまや故郷の話を聞かせてもらいました。

そんな和やかな話をしながら、いつもは残さず食べきってくれる高倉が、この日「貴、残していい？」と言うのです。

「何か気になるところがありましたか？」と訊きましたが、「ううん、美味しいんだけど、（これ以上）入らない感じ。無理しないでおくね」。

私が「はい、わかりました」と、お膳を下げると、「少し、横になろうかな」と、リビングの革のソファで寛ぎました。

十代前半の食べ盛りの時期、ちょうど戦争中で食糧難を経験している高倉は、目の前に出された食事を残さないように心がけていました。また、映画俳優を生業とする高倉が、何よりも優先していたのが体調管理です。仕事のお声をかけていただいた時、万全な体調であることを最低限のルールとしていたので、私の役目は、その日の体調に合わせ腹八分目、ときには、大甘に九分目という具合に、適量の食事を供することでした。

二〇一四年元日、とても長閑《のどか》な一日。

高倉が、珍しく食事を残したこと以外は。

Ken. Takakura

「『風に吹かれて』は面白くなりそう」

二月〜三月

二月二日、節分前日。高倉は例年通り、長野の善光寺にお詣りに向かいました。

「僕が初めて善光寺に行ったのは、デビューして四年目だったかな（一九五九・昭和三十四年）。二月の節分会《せつぶんえ》の豆まき。（東映の）宣伝部から「健ちゃん、行ってくれないか」って声かけてもらったのがきっかけ。プロ野球の選手とか、相撲取りとかに混じってね。そのころ（主演）映画に出て一本二万円。善光寺さんで、裃《かみしも》姿になって豆まきして、ギャラが五万円。それに、豆まきした晩は、温泉宿に泊まれるんだから。次の年は、自分から『行かせて下さい』って頼んで、二年続けさせてもらったんだよ。そのあと、もうその仕事はないいんだから、普通は行かなくなるだろ。それが、違ってね。なんか、二月の節分は、善光寺さんに行かないと気持ちが悪いって思うようになって……。

『海へ　Ｓｅｅ Ｙｏｕ』のときなんか、海外でロケしてたんだけど、この日だけはって日本に戻ってきて（善光寺に）お詣りしてね。『単騎（、千里を走る。）』のときは、最初から、節分はスケジュールNGにしてもらったし。よく、続けられたと思うよ。

あそこへは、○○お願いしますじゃなくて、一年間、おかげさまで無事に生きられました。ありがとうございましたって。お礼をしに行ってるんだなって思う」

海外の撮影でどうしても都合がつけられなかった数回を除いて、長野の善光寺詣は、亡くなる年まで五十年以上続けることができたのです。


二月九日。

新たに契約をした〝健康家族〟のコマーシャル撮影のため、高倉は、羽田空港から鹿児島に向かいました。七～八日にかけて、東京では雪が降り続きましたが、九日は無事出発することができました。

撮影予備日を含め、ロケは一週間。

東京では、十三～十四日にかけても積雪が続き、年季の入ったエアコンの室外機には氷が張り付いて、室温調節が不安定に。翌日、高倉が戻るまでに、急いで室外機の氷取りを済ませました。

二月十五日、高倉は無事撮影を終え帰京。

「宮崎（県）にある畑で撮影があってね。広～くて、とっても静かで、あんまり気持ち良かったんで『こんなところに、住んでみたいですね』って言ったら、『気にいってくれたら嬉しいです。土地は、いくらでも探します。でも、夜は静かすぎて怖いくらいなところです。人じゃなく、鹿が遊びに来るような場所ですから』って、地元の人から聞かされた。撮影の合間に、鹿児島の本社を訪ねてきたんだけど、事前に知らせてなかったから、その時、エレベーターに偶然乗り合わせた（社員の）女性は、えっ、何。本物？って感じで、目パチクリさせてたよ。コールセンターのフロアにも顔出したりしてね。今回は、シリーズもの（の撮影）だから次も楽しみだね。あそこでのロケが続いたら、次は土地の話、まとめてきちゃうかもしれないな（笑）」と、二口《ふたくち》ほどで食べきれるサイズの我が家の夜食の定番ちびむすびを平らげながら、大満足のロケ報告を聞きました。

十六日は、八十三歳の誕生日。

高倉本人は、誕生日の特別扱いを好みませんでしたが、毎年多くの方々からのお祝いが、事務所や、行きつけの床屋さんに届けられました。二ヶ所に届くフラワーアレンジメントの数の多さは、どちらとも花屋の店先のような華やかさだったようです。そのなかから、二つ、あるいは三つほど、車に乗せられる大きさのものを高倉自身が選んで、家に運んできました。

「いい香りだね」と、皆さんが高倉のためにお届けくださった花の香りにつつまれながら、この日は、誕生日ステーキディナーとしました。食後には、普段より少し贅沢なフルーツタルトとエスプレッソを出し、わたしからは手書きのバースデイカードを贈りました。

高倉が前年の秋に頂いた文化勲章の授章に触れ、これからの一年、辛抱のお供をさせていただきますと綴りました。カードを読み終えた高倉が、神棚に上げて手を合わせて一礼。

ここまでは概ね例年通りでした。

体調に大きな変化があったのは、翌十七日。

前日から左耳の痛みを訴えていたのに加えて、喉の痛みが急に酷くなったのです。黄緑色や茶色の痰を伴う咳が止まらず、新しく開けたティッシュボックスが、あっという間に空になりました。

当の高倉は、

「風邪だよ。風邪。心配するな。寝てれば治るから」

との一点張り。

ところが、その夜、日中にまして咳が止まらず、

ほとんど寝ていられません。固形物は喉を通らず、そればかりか常温の水さえも飲み下せなくなり、ぬるま湯とお粥を口にするのがやっとの状態。体重は七〇kgから六八kgに落ちました。脱水症状が心配だったので、飲み心地を考え、試しに林檎ジュースを温めてみると、「これなら飲み易いね」と。ひと安心。

病院の処方薬で痰は少なくなったものの、咳には効き目がみられません。昼頃にようやく起き上がれるようになり、汁ものの食事で凌ぎましたが、二月の最終週の体重は、六八kgから六五kg台に減少。あまりにも急でした。

「だめだ。痛い」

脚の筋肉もみるみる落ちて、お仏壇の前での正座さえままならない。初めてのことが続きました。

体重は、一週間ごとに計ったように二kg程度減っていきましたが、気分転換の車の運転は幸い続けることができました。

そんなある日、帰宅した高倉が運転席を離れるとき、

「なんだかすごく腰が痛いんだ。どうしたらいいかな」というので、ストックしてあった腰痛ベルトを巻いて、様子を見ることにしました。

右腕付け根辺りの痛みや、左側腹部ノ不快感も加わり、ほぼ毎晩寝汗をかくようになり

ました。おおよそ一時間半ごと。一体、どうしたらこんな量の汗が噴き出るのかと思うほどでした。下着を含めて上下のパジャマを着替えてもらうことを繰り返し、気を失うようにしてやっと横になれたと思えた朝方、もっとも汗の量が増えました。このころから、もうまとめて寝ることは諦め、昼夜を問わず短い眠りを大事に、神経を休めることにしました。

三月十八日、東京に春一番が吹いたこの日、高倉の元には新作映画の脚本が届けられました。

タイトルは『風に吹かれて』。

日中の体調は低空飛行ながら安定していたので、気分良く頭が冴えている時間に、高倉は脚本に目を通していきました。いつものように、気になる箇所に、赤鉛筆で線を引きながら。

脚本番号〝001〟。

その最終ページに、読了2014―3―22が書き入れられました。

三月最終週、喉の痞《つか》えがより一層酷くなり、食べ物を飲み込むのが辛そうでした。喉越しがいいと、高倉が望んだお雑煮に入れるお餅は、一口で呑み込めるほど小さくしましたが、それすら食べるのが辛そうだったので、葛湯にかえました。

病院で処方された薬が効いている手応えは、ありません。

体重は、六十二kg台に。

帰宅後、毎日すぐにソファで横たわってしまうほどの強い倦怠感に襲われている高倉を見かね、私はソファ横の床に座り、顔を眺めながら話しました。

「いいですか。これは、風邪なんかじゃありません。食べられないから、体重が減ってるだけじゃありません。減り方が急すぎます。わかりますよね。風邪なら、いままでのように私で対処できます。でも、これは風邪ではありません。私には治せません！　ただ寝ていても、ダメです。良くならないでしょう。体重が減って、筋肉も落ちていくだけです。新しい映画に出るんじゃないんですか。（今度の映画は、）面白くなりそうだって言ってたじゃないですか。野山を駆け廻るんじゃないですか。それだったら、ちゃんと治してからじゃないと、皆さんに迷惑をかけてしまうでしょう。それは、一番嫌なことじゃないんですか。違いますか。お願いですから、ちゃんと病院で診てもらってください。いままで（病院で）してきた説明では、だめです。何かを掛け違ってます。お願いですから、ちゃんと診ていただきましょう！」

大の大人を、その意思に反して病院まで引きずっていくことなどできません。本人に納得して動いてもらわなければと思えば思うほど、私自身のもって行き場のない不安が、涙となってこぼれ落ちました。話し終るころには、クタクタでペタッと床にへたり込んでいました。

「わかったよ。珍しいな、貴が泣くんだから。そんなに言うんだったら、（病院に）行ってやるよ」

と、高倉は半ば不貞腐れながらも、病院に行くことを承知しました。

二〇一三年五月に高倉の養女となっていた私ですが、家の外では存在していない黒子です。孤高のイメージを貫いている高倉の立場を考えると、アクションを起こす際は、周囲への説明を丁寧にする必要がありました。高倉が納得したのなら、一刻も早くと無我夢中でした。

先ず、コマーシャルの撮影に同行してくださった制作プロダクションのプロデューサーの方に連絡を入れ、現在の体調を説明しました。私一人では心もとなかったので、サポートをお願いするためです。

次に、定期的な健康チェックを受けている大学病院の先生に連絡を取りました。年の初めあたりから、書き留めていた体温、血圧や体重の変化、痛みの発症時期と発現している腫れ物の部位や大きさなどをできるだけ詳細に伝えました。高倉が体調の悪さを風邪だと信じて疑っていないこと、今後予定されている映画やコマーシャルの撮影スケジュールに支障が起きないように、できるだけ早く検査を受け、必要な治療に入るべきだとようやく説得できたことなどです。

「わかりました。入院されるのが良いかと思いますので、先ず、ベッドの空き具合をチェックして、二、三日のうちに、必ずお返事します」との言葉通り、四月七日から一週間の予定で検査入院を組んでいただけました。

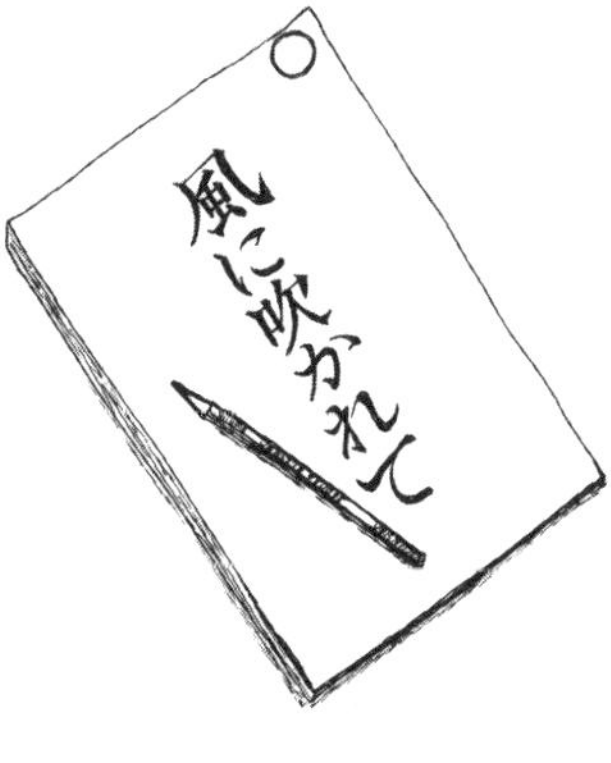
風に吹かれて

第二章

花曇り

入院　四月

「大袈裟だなあ。一週間だろ。そんなに詰め込まなくても、すぐ戻ってくるんだから、大丈夫だよ。持っていき過ぎるなよ。帰るとき、大変だぞ」

旅慣れた高倉の心温まるアドバイスを、「はい、そうですね」と受け流し、〝今回の入院は旅とは違いますので〟と、心のなかで呟きました。

検査入院には、高倉の付き添いとして、私の泊まり込みも特別にご許可いただけました。とにかく離れることなく対応できるように、高倉の入院分、そして自分の荷造りを済ませました。

このとき、忘れてはならなかったのが、高倉用のバスローブです。肉厚すぎても薄すぎても気に入らない。家使い用にいろいろ試した結果、「これ、いいんじゃない⁈」とようやくＯＫがでたのが、ＵＣＨＩＮＯ製の真っ白なバスローブ。濃紺のパイピングがアクセントになったものでした。入院中、パジャマ姿は避けられませんが、おしゃれな高倉が、病室でリラックスできるように、肌触りのよいパジャマと、このバスローブを何セットも用意しました。

入院前日、四月六日、高倉が行きつけの床屋に行き、「明日から検査入院するけど、また、すぐ来るから」と話すと、「良かったです」と言われたとのこと。

皆さんも、高倉の体調を心配してくださっていることを感じました。


四月七日、入院初日。

夕方、自宅に迎えのワゴン車が到着しました。今年から撮影が始まったコマーシャルの担当プロデューサーの方に、自宅から病院までの移動をお願いすることができたので、高倉も安心しているようでした。

「今日はすまないな。迷惑かけるけどよろしく」と、まるで仕事に向かうような雰囲気です。助手席のドアを手慣れた様子で開け、

「急がなくていいから、気を付けて行ってくれ」と。

車が静かに動き出しました。二人一緒に自宅を離れる緊張感に、私の身体は強張っていました。住宅街を抜け大きな通りに入ると、街路樹の若草色や萌黄色の葉が、窓ガラス越しに迫って見えました。大人の手のひらほどもある大振りの葉が、夕陽を浴びて少し赤味

を帯びています。風に揺らされた葉は、悠々《ゆうゆう》と手を振って送り出してくれているように見え、少し呼吸が深くなりました。

公園近くでは、幼子の手を引く若い母親や、制服姿の女学生数人が軽やかな足取りで、キラキラした笑顔を見せていました。

私の自宅での孤軍奮闘とは、まるで別世界……。


病院の駐車場に到着。

私は高倉が万が一ふらついてもすぐに支えられるように、後ろから付き添いました。職員用出入口を通るとき、「貴《たかし》！　早く帰るぞ」と小さな声を放った高倉の〝帰る〟発言に、私は思わず下をむき、笑い声を堪えるのが精いっぱいでした。ご案内くださっていた職員の方にも聞こえたのでしょう、エレベーターのなかで、ドアに向かって微笑んでいらっしゃるのが見えました。

高倉は、通された病室に入ると、春物の薄手のジャンパーを脱ぎながら、真っ白いシーツで整えられたベッドをしっかり横目で捉え、窓側に置かれていた肘掛け椅子にゆったりと腰を下ろしました。自分は病人ではないので、すぐにはベッドに横にはなりませんという強い意思表示。

ほどなく、担当の先生方が病室に揃われました。

問診。触診。そして採血。

その後、パジャマに着替えた高倉の左手首に、本名の小田剛一《ごういち》と記載された入院患者識別リストバンドが巻かれ、患者番号七桁の数字をしばらく凝視。

本格的な検査は、明日からと告げられました。

少しすると、病院食一食目のお夕食が、病室に運ばれてきました。早速、トレーの上のお粥椀に手を伸ばしましたが、四口ほどで「もう、いいな」と。

病院でのお食事の状態を見落とせないのは、この日から、健康管理表の記入が課されたからです。朝九時から翌朝九時までを一日として、食事、便や尿の回数を記入します。朝、昼、夕の食事の摂取量を、主食、副食に分け、○／10で表し、飲水量、尿の回数と量、便の状態（硬便・有軟便・軟便・泥状便・水様便）、回数、便量（多・中・少）を書き込みます。

自宅でも毎日記録し続けていた健康管理以上に、細

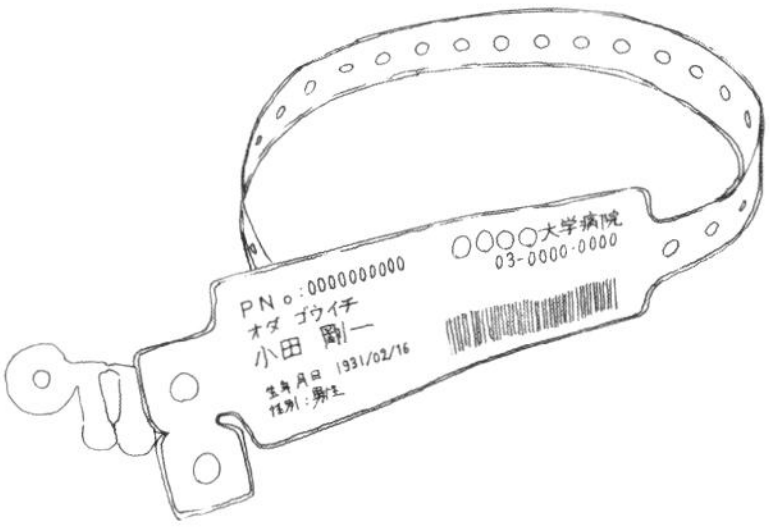

かい記録が必要となりました。

二十一時から、点滴開始。

病院での就寝環境は、当然ですが自宅とはまったく違います。覚悟していたところ、

「なんか、ここのベッドは固いね」と高倉。

何よりも気になったのは、病室に漏れ聞こえてくる人の気配や音でした。救急車のサイレンや他の病室のナースコールの電子音は、耳障りではないものの、頻繁ではっきりと聞こえてきました。

「寝られない……」とつぶやく高倉の手脚をゆっくり揉み続けていると、日付が変わって二時半ごろ寝息に変わりましたが、点滴の生理現象でトイレは計ったように一時間おき。

私は、病室のソファで丸まって仮眠をとりながら、高倉がトイレに向かうときは、点滴の架台に躓《つまず》いて転倒しないよう、必ずサポートすることにしました。病室の間取りに私自身の身体が慣れない、張り詰めた長い一日目が過ぎていきました。


四月八日、朝六時。

「おはようございます」

看護師さんが病室に入られ、検温と血圧チェックで入院二日目が始まりました。

七時半採血。

寝られた実感のないまま、二日目の朝を迎えました。

午前中、心電図とレントゲン、午後は、ＰＥＴ《ペット》（陽電子放出断層撮影）とＣＴ検査（コンピュータ断層診断装置）を組み合わせたＰＥＴ‐ＣＴ検査、そして咽頭の病理組織検査。

病室に戻ると、再び点滴開始。

「なあ、貴、これ落ちてないぞ！　点滴‼　ちゃんと見ててよ」と、この日、高倉が親の仇とばかり睨みつけていたのが、点滴の落ち具合。すぐに看護師さんに調整をお願いしたものの、やはりというべきか、液漏れで腕が腫れてしまいました。

点滴中は、ただでさえ自由に動けず、不機嫌な上に腕が腫れて痛み出したのですから、「貴、早く帰るぞ‼」が、繰り返されました。


四月九日、十七時。

教授、担当医が病室に揃われると、高倉は、「先生！　いつ、帰れますか」と明るく切り出しました。軽く世間話が交わされたものの、会話が少し途切れた時、教授が高倉に向き直り、話されました。

「小田さん。ＰＥＴ‐ＣＴと病理検査の結果が出ました。悪性リンパ腫です」と。

すると高倉は、病名を聞くなり間髪入れずに、

「先生！　何もしないとどうなるんでしょうか」と、まるで他人事のような冷静さで尋ねました。

教授は、穏やかな表情を崩さずに「死にます」とだけ告げたのです。

やや間があって、

「そうですか……。人はいずれ死ぬんだけど、まだ、死ぬわけにはいかないんです。仕事があるんです。じゃあ、お願いします」

それまで高倉は病から、どこか逃げていた印象でしたが、教授の単刀直入の説明にいともあっさりと治療を受け入れました。その場の皆が、拍子抜けしたほどです。

担当医からは、

「今、検査入院ということで一週間病室を押えてありますが、入院は少なくとも数カ月となります。詳しくは、このあとご説明します」とのお話があり、入院に関して即刻すべての態勢を変える必要に迫られました。

その夜、私は病室を離れ、別の個室で高倉の現状と治療法について詳しい説明を受けました。

テーブルを挟んで、先生お二方と向き合いました。専門知識のない私に、先生は白い紙に器用に反転図を描きながらご説明くださいました。

悪性リンパ腫は、白血球のうちリンパ球が腫瘍化、つまり癌《がん》化する病気。癌細胞の形態や性質によって、百種類以上の分類があること。化学療法は、一クール三週間（二十一日間）もしくは四週間（二十八日間）で、初回の結果次第で、六～八クール程度の治療が想定されることなど。

「悪性リンパ腫には、R - CHOP療法と、BR療法という化学療法があります。R - CHOP療法は、三種類の抗がん剤（シクロホスファミド、ドキソルビシン、ビンクリスチン）に、副腎皮質ホルモン（プレドニゾロン）を組み合わせ、抗体薬リツキシマブを含んだものです。BR療法は、リツキシマブとベンダムスチンという二種類の薬を併用して、腫瘍の増殖を抑えます。どちらにしても、副作用が出ることは十分に考えられます」

お話のなかで、「血液」、「リンパ」、「血小板」などの言葉が頻繁に聞かれ、私にとって日常的でないそれらの単語が、とても厄介に感じられました。

「先生、私は養女ですから、小田と血のつながりはありません。血液型も違います。小田はB型、私はA型です（先生、笑顔）。でも、私の血でも役に立つなら、全部抜いて使ってください（先生、苦笑）。小田は、今年八十三歳です。現役で仕事をしています。映画俳優には定年がありません。定年を決めるのは、自分自身だと現役を貫けていることに誇りをもっています。入院が長引くことが決まり、今、もっとも心配されるのは、すでにスケジュールが組まれている今後の撮影への影響です。具体的には、二本あります。新しく契約をしたコマーシャル撮影と、夏か、あるいはそれ以降の秋頃クランクイン予定の主演映画です。今年のコマーシャル撮影は、年二回で、初回分は二月に撮影が済んでおりますので、あと一本。映画については、本人が脚本を読ませていただいて、とても前向きです。先生！　その仕事は、是非させてあげたいんです。私自身が、観てみたいんです。

さきほど、本人も話していたように、死を恐れておりません。人は、いつか亡くなるものだと……、寿命がくるものだと、普段の会話にも出るほどです。

今まで小田がもっとも注意してきたのは、約束していながら、不摂生などで健康状態が悪くなり、約束を反故《ほご》にしてしまうことなんです。期待を裏切ることと言ってもいいかと思います。ですから、これまで怪我をしないこと、病気になりにくい身体を作ることに細心の注意を払って、好物の甘いものを控え、食べ過ぎないよう摂生してきました。健康であることを、最優先に生きてきた人です。私は、そのプロフェッショナルであろうとする生き様を、心から尊敬しています。

今回、入院すること、先生方に診ていただくことを、私が何とか説得できたのは、次の仕事に向けて、今の（症状の）ままでは、満足する仕事ができないと納得してもらえたからなんです。本人も、このあと、何本も（の映画に出ること）はできないと感じていますが、次の仕事、あと一本はなんとしても実現させたい……。

先ほど先生が、治療法にいくつか組み合わせがあると仰られました。先生、お願いがあります。小田は、生き延びるためではなく、期待された仕事をするために入院を受け入れました。治療を終えたら、すぐにでも仕事に復帰できるようご配慮いただけないでしょうか」

私が話し終わるのを待って、担当医からは、

「仰られたことを踏まえて、教授と相談しながら進めます。以前は、治療に際して副作用が強いものがありましたが、今は、倦怠感や、吐き気をある程度抑えることができるようになってきています。ですが、吐き気などをどの程度抑えられるかは、個人差がありますから、実際に治療してみないとわかりません。

それから、見た目の若さではなく問題は臓器機能や合併症などの状態です。ちなみに小田さんは、煙草は吸われておられますか？」

「今は、吸っておりません。若い時は、かなりのヘビースモーカーだったようですが、『八甲田山』という映画の撮影があまりにも大変で、その上、予定より撮影期間が延びたこと

で、きっちり終れるように、願を掛けた日からスパッと止めたと聞いています。約四十年ほど前になりますでしょうか。あっ、そのあと、ラークという煙草のコマーシャル撮影で、数本吸ったことがある（笑）という自己申告をしていました。今は、立派な嫌煙家です」

「そうですか。過去に（煙草を）吸っていらしたとすると、今後、肺に問題が出てくることが予想されます。ご不明なこと、不安に思われることがあれば、いつでも、聞いてください！」

と、力強くお話ししてくださいました。

そして最後に、

「あっ、付け加えておきますが、貴さんの血は、ほんの一滴も必要ありません（笑）。すべて、病院側で用意できますのでご安心ください」と。

ご多忙な先生に、高倉の人となりを一度にもれなくお伝えしなければと理性を保つのに必死だった私の顔は、涙でグズグズになっていました。

「僕は、貴の笑ってる顔が好きだな」と、出逢ったときに言ってくれた高倉の前では、ちょっとやそっとでは泣かない覚悟で病院に来たのですから、私にできることは、笑顔でいることでした。

冷たい水で顔をピシャピシャ叩いて、笑顔で病室に戻りました。

四月十日、早朝、

「小田さん、おはようございます‼」

担当医の明るくきびきびした声が、病室に響きました。

「お加減は如何ですか。今から、治療法についてご説明をします。小田さんが今後のお仕事を重視されていらっしゃるとのことですので、教授とも相談した結果、今回はBR療法を選択することにしました。リツキシマブとベンダムスチンという二種類のお薬です。まず、リツキシマブは、小田さんのリンパ腫細胞に直接結合することで抗癌作用を示します。またベンダムスチンは、癌細胞のDNAを壊すことなどで抗癌効果を発揮するとされています。主な副作用としては、白血球をはじめとした血液の細胞が減少します。そのために免疫が低下するので感染症には注意が必要です。あとは、吐き気です。ですので、最初に吐き気止めの点滴を行わせていただきます」などと、今日からの治療プロセスについて、丁寧な説明がありました。

「先生、わかりました。僕は、このあと五月にコマーシャルの撮影があって、そのあと、秋……、たぶん秋ごろだと思うんですが、新しい映画の撮影に入るんです。『風に吹かれて』っていうんですよ。

脚本では、山のなかを走り回るっていうんですか、駆け回るっていうんですか、今のままの脚本なら、かなり動き回るシーンがあるんです。だから、しっかり治さないといけない！

先生、入院前に随分脚の筋肉が落ちてしまいました。撮影があるので、筋力も取り戻さなければなりません。ここで（病院・病室）できることは、積極的にさせてください。お願いします。それで……、いつ、帰れるでしょうか？」

という意欲的な高倉に、

「（笑）まず、今日の段階で、いつお帰りになれるかは具体的にお示しできませんが、小田さんの希望はよくわかりました。あくまで治療の様子を見ながらですが、リハビリ科の先生にもこのあと連絡をとります。先ほどもお伝えしましたが、治療中気をつけていただきたいことは、副作用として白血球、赤血球、血小板などが減少する状態が起こり得ます。それにより、細菌感染が起こりやすくなります。赤血球が減少すると、息切れなどの貧血症状、血小板減少では、血が止まりにくい症状がでることがあります。

それと、外部からお越しになるかたが、どんな病気をもっているかわかりません。とくに、風邪を引かれているかたとの接触は避けてください」という厳重注意がありました。

そして、検討の結果、数ヶ月間が想定される入院に備えて、浴室が備わっている病室に移ることになりました。

午後、悪性リンパ腫の広がりを評価するための骨髄検査と髄液検査。

明日からの化学療法に備え、静かに過ごしました。


四月十一日。入院五日目。

この日から、いよいよ抗癌剤のリツキシマブ投与が始まりました。

投与後、「小田さん、吐き気や寒気、痒みなどは感じられますか」

という担当医の問いに、

「そういったのは、あまりないですね。大丈夫です」と高倉。


四月十二日と十三日。抗癌剤ベンダムスチン投与を無事に終えることができました。

この日、初めて体を拭くことができるまでに気分が回復し、翌十四日は、入浴も許されました。

担当医からの、「念のため、体調を考えて、入浴は十五分くらいで済ませてください」

という注意に従い、できるだけ急いで、浴室でのシャンプーを済ませました。

「お湯に浸かれるの、久しぶりだね」と、高倉は嬉しそうでした。

入院九日目、四月十五日から、リハビリが始まりました。若く溌剌とした女性の先生が病室に入られると、

「先生、よろしくお願いします」と、高倉が頭を下げました。

まずはベッドに横になった状態で、脚の可動域や、押す力や引く力の確認です。入院前、酷い倦怠感から横になって休むことも多く、食欲も落ちてしまっていました。自慢の脚力は見るも無残で、この日の筋力チェックの結果に、歯痒《はがゆ》い思いを隠せませんでした。

その後、壁に片手をつけた状態で、腿の上げ下げや踵の上げ下ろしをしながら、「先生、これは何回くらいすればいいですか」。歩行訓練をしながら、「先生、次の仕事は、野山を駆け回るんですよ。しっかりやらないといけませんね」。高倉のやる気に火がついたようでした。

この日の夜、私は一度自宅に戻り、長期の入院に備えて病室に運び入れる荷物を選び直しました。大きなものは、私用の折り畳みベッドと上掛け布団、空気清浄機、高倉用の羽毛掛布団、マグカップ、ポータブルCDプレーヤーは、高倉お気に入りの〝SONY CELEBRITY GIUGIARO DESIGN〟、そして元気づけCDの数々。

深夜を待って救急外来の入口から、キャスター付きの折り畳みベッドを移動させました。

日中、多くの患者さんで犇《ひし》めき合っている大学病院の廊下や待合が、信じられないくらい静まり返っていて、折り畳みベッドのキャスターが床に触れる、コロコロ、コロコロとい うかすかな音が聞き取れるほどでした。時折、勤務交代される看護師さん方の疑問符付きの視線を受けながら、病室に大きな荷物を次々と運び入れる様子は、時間外の引っ越し業者に思えたかもしれません。

最後の荷物を運び終えて、病室の扉を静かに閉めました。

一息ついて、何気なく窓の外を見やると、煌々とした満月が目に入りました。その瞬間、ふと、高倉と出逢ったころに引き戻されました。

私は三十三歳のとき、女性誌のライターとして訪れていた香港で、まったく偶然に高倉さんと出逢いました。この時は〝美しくなる旅〟というテーマでホテルを取材していて、ランチブレイクの時ホテル内のレストランに居合わせた、いえ、すれ違っただけというのが正しい言い方でしょう。

私がカメラ機材などを抱えた数人の取材チームとともにレストランに入ると、まだ店のオープン前にもかかわらず、高倉さんたちが、すでに数人で和気藹々《あいあい》とテーブルを囲んでいらしたのがちらっと見えたのです。それだけで、いかにそのレストランの人と気心が知れている仲なのかが窺えました。

世代は違いましたが、日本人の常識として高倉さんのお顔はわかりましたから、国外で、きっとリラックスなさっていらっしゃるところに、私たちが遠慮なしにズカズカ踏み入って和やかな場の雰囲気を壊さぬよう直感的に遠慮すべきと思い、ホテルのアテンドスタッフにお伝えすると、その方は高倉さんととても親しいとのことで、わざわざご本人に尋ねにいかれたのです。

「どうぞ、構いません」とのお返事でしたが、そうは申されても……。私たちはできるだけ高倉さんたちの視界に入らない場所で、お食事をさせていただくことにしました。食事も終盤、デザートを食べ終わりかけたころ、高倉さんが私たちのテーブルに近づいてきて、「映画俳優の高倉健と申します。今日は、お気遣いいただいて、どうもありがとうございました。良い仕事を続けて下さい。では失礼します」と会釈し、自分の席に戻られていきました。

皆、名乗る隙もない、あっという間の出来事。

その後、ホテルスタッフを通じて、私たち全員に高倉さんの名刺が配られました。何という配慮！　その名刺は、紙の厚みもさることながら、横使いされた表面《おもてめん》に、朱色の縦書きで思わず指でなぞりたくなる厚盛印刷の〝高倉健〟の文字。俳優さんが名刺をお持ちになられていることも不思議でしたが、共にテーブルを囲んでいた男性陣皆が、言葉を失う惚《ほ》の字の感動。

それにしても、国を離れながら、あれほど気を遣われていらっしゃるとは。

格好良すぎでした。

香港から帰国して、自分が原稿をまとめた雑誌を、香港での出来事の御礼とともに、高倉さんの名刺の宛先にお送りしたところ、なんとお返事として、自著や直近で取材を受けられた雑誌が送られてきました。

自著のタイトルは『あなたに褒められたくて』。

えっ、今まで、十分すぎるほど褒められていらっしゃるでしょうに？

雑誌にも目を通していくと、そこには初めて知る高倉健像が立ち昇ってきました。

結婚、火事、離婚、死にかけたエピソード、そして、幸せになりたい願望など。

「以前旅先で嘆きの天使《クライング エンジェル》のブロンズ像を買い求めたのだけれど、泣いている天使だけだとなかなか幸せになれないんじゃないかと。最近になって思いましてね。今、微笑《ほほえ》む天使を探しているんですが、なかなか出逢えませんねぇ」と、こんな風に気持ちを語っていらしたのです。

私は、そのころ、日本と海外を行き来する仕事が多かったことから、キリスト教圏に向かうたび、微笑む天使像の捜索活動を勝手に買って出て、絵葉書に書き添えました。もちろん、そんな置物が幸せへの近道だなんて、単純な錯覚ではなく、何か一つでもほっとできるものが目の前に置かれていても良いのではないかしらという、軽い気持ちでした。

文通が一年近く続いていました。そして、いつも近況を知らせる絵葉書に、次はＴＶの旅番組の取材で、プロデューサーとしてイランへ行きますと書きました。

高倉さんは、一九七三年公開の映画『ゴルゴ13』の撮影で、オールイランロケを経験していて、イスラム圏で女性が仕事をする難しさを熟知していたことから、現地での私の身の安全をとても心配してくれました。私はスケジュールとともに、単身ではなく、日本から男性スタッフ数名が同行することを伝えましたが、イランで訪れた各地のホテルに、「変わったことはありませんか？　大丈夫ですね」と、お電話をいただきました。そして、ご自身の離婚のときの心模様など、プライベートの核心に迫る大切なお話を、戸惑いながらも、私はただ一心に聞き続けました。

「では、また明日」と。

問題だったのは、通信のインフラでした。今のように、携帯電話で気軽に国際通話ができる環境ではなく、移動中の車両トラブルなどさまざまなアクシデントが重なり、予定されていた旅程通りに進みません。日本とは、まったく異なる環境下で、ＦＡＸさえもままならない町も多数ありました。

日本との連絡が滞りがちになっていて、ようやく連絡がとれたある日、

「こんなに心配しているのに、どうして連絡できないんですか！　日本とは事情が違うんです、すぐに帰ってきなさい‼」と、高倉さんから物凄い勢いで怒鳴られたのです。睡眠不足、疲労困憊の旅先で、いきなり大きな声を聞かされた私が、

「今の状態で、職務放棄はできません。私は高倉さんと違います。高倉さんならお帰りになることができるのでしょうけれど、私は仕事を終えるまでは帰れないんです。私が責任者なんです」と咄嗟に答えると、

「わかりました！　好きにしてください！」ガチャッと、取り付く島もなく、電話が切れました。その並外れた熱量に、吹き飛ばされそうになりました。どうもこうも、割り切れぬまま、残りの日程を乗り切り、すべての収録を終え首都テヘランのホテルに戻りました。

イスラムの国、イラン。

公の場では、イスラム教徒の女性が頭に巻くスカーフ（ヒジャブ）と、全身を覆う服（チャドル）は欠かせません。イランの役人の収録済みテープチェックが無事終わり、あとは、翌日の帰国便に乗るだけ。ホテルの部屋の扉をゆっくり閉めて、すべての思い出を背負い

続けたヒジャブとチャドルを、えいっと脱ぎました。

へとへとでした。

シャワーを浴びて、シングルベッドに腰を下ろし、窓の外に小さく見えている満月をぼんやり見つめていると、部屋のドアの下から封筒が差し込まれました。

高倉さんからのＦＡＸでした。

「無事にテヘランに戻られましたか。（中略）何時になってもいいですから、コレクトコールを下さい。〝微笑む天使〟が見つかりました！」と書かれていました。

心の整理が必要でした。国際電話をかけると、

「もしもし、聞こえてますか？」

十日ぶりの高倉の声は、低く穏やかでした。

私は、「はい」と、一言。

「僕が大きな声を出したのは、本当に、心配だったからです。もう二度とイランに行って欲しくありません。続きの話は、日本でできますか？」

詳しくは、前著『高倉健、その愛。』に譲りますが、今、目の前のベッドに横たわっているる高倉が、著名人としてではなく一人の人間として、「一緒にいて欲しい」と、心の渇きを直球で投げてきたのは、この日と同じ満月の夜。

年齢差もキャリア差も超えて、寄り添う覚悟にさせたのは、月の導きだったかもしれません。

入院十一日目、十七日。高倉の体重は、六〇kgを割り込み、五十九・四kg。病室での日常を、どうしたら穏やかに過ごすことができるか。

ご両親とともに収まった幼年期の写真や、不動明王のお姿の小さな額を病室に置かせていただきました。

CDプレーヤーにセットしたのは、北島三郎さんの「風雪ながれ旅」。自宅なら、得意の無手勝流踊りを始めるところですが、点滴の針が腕に刺された状態の高倉は、器用に指踊りをして曲を楽しんでいました。

「まさか、ここで聴けるとはね。さぶちゃん聴くと、(自分に)負けてられるかってなるんだよ。僕も、風雪には当たりまくってきたからね」

と、感慨一入《ひとしお》で、何度もリピートのリクエストがありました。三度目ともなると、「破れ単衣《ひとえ》に三味線だけば〜〜〜」と、首を左右に大きく振りながら大袈裟に口パクをして、破顔一笑でした。とにかく、病室で少しでも気が紛れることを探しました。病院側の承諾を得て、TVをベッドから見やすい位置に動かしたり、ほぼ一日を過ごすベッドそのものができるだけ快適なように、新たにマットレスを購入したり、電気スイッチがどの位置に対応しているのかわかり易くラベルを貼ったり、入念な模様替えをしました。

入院十二日目、四月十八日は、病室の机の上に、自宅から運び入れたPCとプリンターを設置し、簡易オフィスとしての機能を完備させました。

消灯時間になると、高倉のベッドの横に、私用の折り畳みベッドを広げましたが、その高さの違いはまるで王様と家来です。点滴を受けて自由に動けない高倉から、姿の見えない私に、

「おい、いるか？（笑）」とか、

「生きてるか？（笑）」と、天井に向かって声が発せられるたび、

「はい、しっかりとここにおります‼（笑）」と、床近くから返事をしたり、時にはむっくと起き上がって顔を見せて、

「何かあれば、お申し付けを（笑）」と、笑顔を分け合いました。

高倉は、毎日受け続けている点滴の影響で、就寝後のトイレタイムはほぼ一時間おき。おトイレ一直線の動線を作り、転倒を防ぐため、私は高倉の動く気配を感じると、「トリャー！」と小さい掛け声とともに、消防署の救急隊員さながらベッドから跳ね起き、ス

タートダッシュで補助しました。

「威勢がいいね」と、高倉は笑顔。

先ず、ベッドに向かって右側に立ち、高倉の肩甲骨の下辺りに、私の右腕を差しいれてゆっくり抱き起こします。

この時も、「貴は、女子プロ（レスラー）並み（の腕っぷしの良さ）だね」と、安定感を喜んでもらえました。左手で両脚を抱え、体の向きをベッドサイドの方に九〇度変えながら、両脚をベッドの下に降ろし、双方の足にスリッパを履いてもらってから、床に足をしっかりと着地してもらいます。あくまでも、そのときの体調に合わせて、動作のスピードを加減して、点滴の架台を押しながらトイレに付き添いました。

トイレタイムと二時間おきの寝汗は、交互にやってきました。私以外には、不用意な恰好をできるだけ見られたくない、触られたくないという高倉の思いに応えましたが、パジャマを交換する時には体の冷えが気になるので、看護師さんに温めたタオルの差し入れをお願いしました。

私は慣れないながら、病室内でひっきりなしに動き回っていたので、ふと気を抜くと、日中でさえ容赦ない睡魔に襲われるようになりました。一旦座ると寝入ってしまうので、眠気覚ましに動き続けました。寝汗のたびのパジャマ交換で、シーツを含めた毎日の洗濯物は大量です。病室と病院内のランドリー室との往復で、大いに気を紛らわすことはできたものの、乾燥機がなかなか空かないときは、病室の隅が物干し場に変身。その様子を目ざとく見つけた高倉から、

「なんか、家と変わらないじゃないか」と笑われました。


入院十三日目、四月十九日。

「貴、お腹が空いた！」

治療の効果がはっきりと感じられた瞬間でした。

「何が食べたいですか?!」と聞くと、答えは「肉！」。

「わかりました。とにかく、夕食に間に合うように食材の買い出しに行ってきます」と、買い物カートを引き、病院周辺の店を回りました。お肉屋さん、八百屋さん。幸いなことに、細かな食事制限がなかったおかげで、病室の小さな冷蔵庫いっぱいに食材を満たすことができました。肉や卵はもちろんのこと、彩りのよいパプリカ、ブロッコリーやカボチャ、スーパーフード、ニンニク。フライパンや、小鍋、簡易的な調理用品も一通り買い揃えました。

この日は、リビングのテーブルにＩＨ調理器を置いて、目の前で焼いたお肉を食べても

らおうと、フライパンの上で牛フィレを焼きました。高倉が実際に口にできるかどうかはわからないながらも、ガーリックチップスも作ってみると、「やっぱり、これがなきゃね」と、口にできたのはわずかでしたが、美味しいと喜んでもらえました。戻ってきた食欲を取り逃すまいと、いろんなメニューを考えました。

病室で調理できるのはとてもありがたく、「おいしそうな匂いがしてますよ」と、病室の扉を開けながら、看護師さんがにっこり入室してくださる、ほっとできる時間が積み重なっていきました。

「貴、おやつは何がある？」この日以降、食欲がぐんぐん増していきました。カシューナッツ、小鰯、米菓などをパクパクと食べ、飲み物もゴクゴク飲めるようになりましたが、食欲が戻るのと同時に、

「このタレ、甘すぎないか？」と、夕食のすき焼きのタレが、妙に甘く感じられるようになったり、「なんか、パサパサしてるぞ。少し油っぽいのがいいな」と、口のなかの潤いが少なくなってきていることを話してくれました。治療過程の副作用です。そこで、ハムはベーコンに、牛フィレからサーロインに切り替えてみました。

入院十七日目、四月二十三日。

深夜○時、「お腹が空いた」と今度は夜食の催促がありました。病室の台所で、喉越しが良いように温かなおうどんを作ると、

「この時間に食べられるのは、かなり贅沢だね」と言ってもらえましたが、

「足が冷たすぎて、寝られないんだ」と。

触ってみると、食事をしたにもかかわらず、両足先が冷え切っているのです。

食欲が出てきてほっとできたものの、三歩進んで二歩下がる。気を抜かずに辛抱です。

この夜は、蒸しタオルで両足首まで温めながら、片足ずつ手の温もりを伝えようと、ひたすらマッサージを繰り返しました。


入院十八日目、四月二十四日。

「パンが、思ったように飲み込めない」と、唾液の量が更に減ってきているようでした。

そこで、病院の朝食メニューがパン食のときには、レンジで手軽に温められるタニタ食堂の金芽米ご飯と卵料理を添えてアレンジしてみました。

この日で点滴終了。採血の結果も良好でした。

「先生、いつ帰れますか？」

高倉のいつもの問いに、担当医が待ってましたという笑顔で、「二十七日に外出許可を出せることになりました」と答えてくださいました。

入院二十一日目、四月二十七日、十一時に病院を後にして、高倉と自宅に戻ることができました。

「やっぱり家がいいね」と、高倉の笑顔。

病院での立て続けの検査や治療が、精神的にも体力的にも、どれほど負担をかけていたことでしょう。翌日の夜には病室に戻らなければならない、本当に限られた時間のなかでしたが、精一杯羽を伸ばしてほしいと、先ずは家中に風を通しました。高倉に横になってもらっている間に、家の内と外の徹底的な掃除をして、いただきものの仕分けとお礼状書きが滞らないように、下準備を済ませました。

これから増えていってほしい一時外出許可に備えて、定時の検温や血圧測定をよりスムーズに行えるよう、高倉からできるだけ視線を外さなくてすむ場所に、メモ用紙の置き所なども工夫しました。

入院二十三日目、四月二十九日、チャーハンやオムライスなど、高倉が食べられるもの、食べたいもののバリエーションが広がったので、病院食も止めることができました。

入院二十四日目、四月三十日。

高倉の症状が着実に好転してきたことから、コマーシャルの撮影スケジュールが具体的に検討され始めました。

コラム①

命あるものへ・丸《まる》の思い出より

「犬は、可愛がるだけじゃだめなんだ。躾だよ、しつけ！」

高倉が毎週楽しみに見ていたのが、ケーブルテレビの海外のドッグトレーナー番組です。吠え癖や噛み癖がおさまらない犬。飼い主を引き倒すほどリードを強く引っ張る犬、犬種の違う多頭飼いで、喧嘩が絶えない場合など、飼い主の手に余る問題犬を、カリスマドッグトレーナーが一定期間預かり、犬種の特性を視聴者にも分かりやすく伝えながら、人と一緒に問題なく暮らせるように行儀を教えるという番組でした。

高倉は自分事のようにいつも真剣でした。

あるとき番組を見終わって、

「僕も犬は大好きだったからな。小学校に入ってから定期的に買って貰ってた雑誌に、秋田犬が載ってたことがあって、もう格好良いわけ。そしたら、欲しくてたまらなくなって、その晩、お父さんに『秋田犬、買ってくれなきゃ、ご飯食べない』って駄々こねたんだよ。お父さんは子供たちにとっても優しかったから、しつこく言えば、言うこと聞いてくれるに違いないって

甘えたんだ。しばらく黙って聞いてたんだけど、いきなり『勝手にしろ！』ってものすごい剣幕で怒鳴られた。張り倒されそうな勢いに、さすがに怖くなって、裸足のまま家から飛び出したの覚えてるよ（笑）。

結局、秋田犬は買って貰えなかったんだけど、しばらくして近所で子犬が産まれたっていうんで見に行ったの。雑種だったんだけど、薄茶色で可愛くてね。一匹貰って、抱きかかえて家に戻ったまでは良かったんだけど、飼うのはダメだって言われるのわかってるから、とりあえず物置小屋に隠してたんだよ。最初は静かにしてたんだけど、クークーって鳴き声が漏れてきたもんだから、物置に行って抱きかかえてやって。結局それでばれて、お母さんから『返してきなさい』って睨まれた。でも、このときは、どうしても飼いたいって粘ってね。

丸《まる》って名前つけたんだ。なんでその名前にしたのかもう覚えてないけど、二年くらい飼ったのかなぁ、最後はあっけなかった。学校から戻ったら、丸が見当たらないんだよ。友達と近くを捜し回ったら、野原の土管の前で倒れてた。もう冷たくなってて、泣きながら川原に埋めてやったな」

丸の思い出話を聞き、書棚に世界の犬種事典が数種類並んでいたのを思い出した私は、「今（の仕事のペース）なら、散歩に連れていく時間がとれるでしょうし、私もサポートできますから、どんな犬がいいか、ブリーダーさんを見つけてお願いしたらどうですか」と、訊いたことがありました。

「そうだね……」と、高倉は前向きなニュアンスでしたが、会話はそれ以上続きませんでした。

私は、何か気に障ることでも言ったかと、犬の話題はそれ以上触れないようにしていました。

しばらく経ったある日、

「あの犬の本、持ってきて」と言われ、例の犬種事典のページを二人で捲《めく》りました。

「貴は、犬飼ったことあるの」と訊かれたので、

「私が小学生の頃、秋田犬とコリーの雑種犬を飼っていました。餌は祖母担当。私は、お散歩と週末のシャンプー係。私にとっても懐いてて、シャンプーのあいだも、すごく大人しくしてくれてたので、いつも週末が楽しみでした。

体長は八〇cm、背丈は六〇cmくらい。子犬から飼ったのではなくて、すでに付けられていた名前はペル。雄です。

名前を呼べば、尻尾フリフリで軽く吼えて必ず返事しますし、果樹などが植えられている庭に、梯子を横倒しに置いて、間を潜らせたり、高さが三〇~五〇cmくらいの木の板を等間隔に幾つか立て掛けて、ジャンプの訓練をさせたりしてました。

夜、父と一緒に散歩に連れていって、幹線道路の広い歩道に出ると首輪からリードを外してあげるんです。『行ってらっしゃい』と、思い切り走らせてあげてました。あの頃は、それができてたんです。視界から見えなくなったら、父か私どちらかが空に向かって『ピーッ!』って口笛を吹くんです。しばらく聞き耳を立てていると、建物の間からハァハァ息を切らせたペルが顔を見せて、全力疾走で私のところに帰ってきました。人気がないのを確認してですが、帰りはリードなしのときもありました。私の横にピタッと寄り添って、尻尾をゆったり振りな

高倉に撫でられ安心しきっているラフ・コリー
（1991　北海道　吉田牧場・JRA の CM 撮影時。写真提供：高倉プロモーション）

がら歩調を合わせるんです。親友でした。

いつも見ている番組で取り上げるような犬は、身近にいませんでした。犬は、みんな飼い主の言うことを聞くものだと思っていました。もちろん、お散歩が待ちきれなかったときとか、早く家の門の外に出たくて、少し強めにリードを引っ張ることはありましたけれど、子供だからってバカにするような引っ張りかたではなかったです。

でも、中学二年の梅雨の時期、学校から帰ると犬小屋に気配がなくて、夕方、誰かが散歩に連れていくことも考えられないので、まさかとは思いましたが訊いたら逝ってしまって……。傍に居てあげられなかったのが、切なかったですね。最期まで、せめて撫でていてあげたかったって思いました。今考えるとジャンプとかさせていたのが、十五歳くらいの時ですから、ちょっと酷だったのかなぁと思ったりしますけれど」

私のこの話を聞いて、高倉が話し始めました。

「僕は、縁のあった人と一緒に暮らし始めてから、犬を飼ってたことがあるんだ。しかも、一匹じゃなくて、何匹も一緒に。ドッグトレーナーをつけて、徹底的に躾て可愛がった……」

「そうだったんですか」

「ただね、自宅が火事にあったって話したでしょう。火が出たとき、僕も家にいてね。最初は、消せると思って消火してたんだけど、火ってあっという間に広がるんだよね。あぁ、これ以上は手に負えないってなって、仕方なく家の外に逃げたんだ。飼ってた犬も何匹かは外に連れ出せたんだけど、全部じゃなかったんだね。そしたら、目を離したすきに、外に逃げられた犬たちが、何故か燃えてる家のなかに戻ってった。消防車が沢山来てた。鎮火後、家のなかで犬たちが、折り重なるようにして死んでたのを見つけたとき、あぁ、仲間を助けに入ったんだなってわかった。もう、あれ見たら、堪らなくてね。一度、逃げられてたのに……。だから、僕は、もう二度と命を預かっちゃいけないんだって反省した。だから、今は、本だけ」

高倉が亡くなり、倉庫に預けていた段ボールのなかから、結婚当時、取材を受けた記事や写真が見つかりました。

仰向けになった高倉の顔の横で、子犬が戯《じゃ》れている一葉です。撮影で見せている俳優の面立ちではなく、子犬の甘えた鳴き声が聞こえてくるような、ほのぼのとした雰囲気が見てとれました。自宅が全焼したときの話が思い出され、この命を失った寂しさは、想像に難くありませんでした。

動物の命を預かることの重み。寿命を全うさせてあげられなかった後悔が、高倉に生涯プライベートでペットを飼うことを控えさせたのです。

だからなのか、遺された映画のなかで見せている動物への温かいまなざしは、格別なものに思えてなりません。

「『居酒屋兆治』のロケの待ち時間に、公園にいた子供たちに、おじさんのこと知ってるか。『南極物語』っていう映画に出てるんだけどって話しかけたら『僕、知ってるよ、あの犬がいっぱい出てくる映画でしょ』って言われて。こっちが死にかけた体験してたって、子供たちにとってみたらあれは犬の映画なんだよ。

昔っから、言われてるだろ。映画とかドラマとか、どんなに俳優がしゃかりきにやったって、動物に（評判は）食ってさらわれるって。何でかわかる？ 動物には良くみられないと次の仕事がこないかもしれないとか、高いギャラが欲しいとか、そんな欲がないからだよ。無欲。せいぜい、いつもより上手い餌が食えた。そんなことじゃないの。〝生きる〟ことに必死。それが動物の魅力なんだろうか。今を生きてるんだよ」

高倉自身が、〝僕は極地俳優ですから〟と、南極、北極ロケの遭難体験を自虐的に話すきっかけとなった『南極物語』（一九八三・昭和五十八年）での共演は、タロとジロを始めとするたくさんの犬たちでした。

昭和三十二年、南極大陸第一次越冬隊員十一名の一人、潮田暁（高倉）は、地質調査兼犬橇《ぞり》係。全行程二十五日間、往復四五〇km、南極大陸内に聳《そび》えるボツンヌーテンの正確な位置や標高の天測と地質調査を目的として、カラフト犬十五頭立ての犬橇で、医師一名を含む隊員三名で東オングル島の昭和基地を出発します。

道中、すでに骨格だけとなった鯨を発見したり、ペンギンの群れをかき分けるように石の採掘を行い、氷と氷がぶつかり合う異様な音に怯える犬たちを励ましながら、任務遂行に邁進します。足を負傷した犬のケアを行い、一つひとつ困難を克服しながら、無事ボツンヌーテンに到着。その帰り路、三人の隊員たちは強い紫外線の影響で雪目《ゆきめ》を患い、まるで遮光器土偶のような様相となったうえに、ホワイトアウトに遭遇するのです。頼りだった無線機は、犬たちの負担を考えた重量制限のため積まれていませんでした。身動きがとれず遭難しかかっている隊員が、最後に希望を託したのが、子供の頃から南極育ちだった兄弟犬タロとジロでした。

犬橇から解き放たれた二匹は、一目散に基地へと走り続けます。犬たちが単独で基地に戻ったことで遠征隊からのSOSの意図が伝わり、改めてタロとジロが基地から救助隊を先導して、犬橇隊と合流できたのです。

隊長は、体力のすべてを使い果たした無残な隊員たちの姿を前にして、

「雪上車に君たちは乗りたまえ。犬は私たちが連れて行く」と声をかけますが、

潮田（高倉）は、

「我々は、犬たちと一緒に帰りたいと思います！」と、やや語気を強めて答えます。そのシーンを、高倉の犬への思いを知ってから改めて見直すと、演じる以上の何かが重なり胸に迫るものがありました。

生前、書棚に飾られていた写真のなかに、犬とともに写されたものがありました。

「このジャーマンシェパード、いい顔してるでしょ。この犬、海岸を散歩させてたおじさんに直接声をかけて（撮影用に）借りたんだ」と。一九八七年に日本生命のコマーシャル撮影で撮

られたものでした。

「フランスのドーヴィル（海岸）で撮ったんだけど、最初はまるで嵐でね。スケジュールが限られてたから、どうにか撮るには撮ったんだけど。（撮影用に）スタンバイさせてる犬の事情もあったしね。奴ら（動物）のギャラは、高いから（笑）。一応撮り終えて、ホテルの部屋のなかで別のシーンを撮ったんだ。でも、なにかすっきりしないわけ。窓から海眺めてたら、撮影した時より、少し天気が持ち直してきたように見えたから、『よかったら、もう一回撮りませんか』って、声をかけてスタッフが撮り直しの準備に入ったの。ただ、肝心の犬をもう返しちゃったらしくて、犬どうしようかって。

その時、ちょうどこの犬連れて、おじさんが海岸を散歩させてたんだ。『いい犬ですね。撮影に貸していただけませんか』って、声をかけたら、どうぞって気持ちよくOKしてくれた。躾が良くて、よーく言うこと聞くんだよ。撮影が終るころには、すっかり懐いてて、飼い主が、『あの犬は、僕のところに戻ってくるでしょうか』って、心配してたらしい（笑）」

高倉は、人だけでなく、ときには動物さえも虜にするカリスマの持ち主だったようです。

第三章　青時雨

「先生、いつ帰れるでしょうか？」　五月

高倉の検査結果が良好となり、五月二日から五泊六日の帰宅が許されました。

担当医との毎日の会話の第一声は、

「先生、おはようございます。いつ帰れるでしょうか？（笑）」と決まっていましたが、四月末に、一泊ながらも自宅に戻れた際、高倉の体調が安定していたことから、その後の特例措置を認めていただくことができました。

「よし、やっと塀の外だな」と、高倉が演じることが多かった役柄、刑務所の囚人役に準《なぞら》えて、にっこり。

先ず高倉が望んだのは、「歩きたい」でした。

入院するまで日課としていたウォーキングは、まったくできていませんでしたから、地面の感触を取り戻したかったのでしょう。体重が、六一kg台にまで回復してきていたことも、歩こうという気力に繫がったのだと思います。

家路の途中にある駒沢オリンピック公園で車を停め、高倉の散歩は、送迎をサポートしてくださる方に付き添っていただきました。車中で待っている私には、貴重な仮眠タイムとなりました。

散歩から戻った高倉は上機嫌。

「やっぱり、外の空気は違うね。次は、ポルシェ（のディーラー）に寄りたい。今度の（ポルシェ）カイエンはさぁ……」と、病室で車雑誌をじっくり読み込んでいたので、マイナーチェンジ部分やスペックを饒舌に話し始めました。

撮影中以外、同業者と接する機会が少ない高倉には、一人で気合を入れる方法がいくつもあって、その筆頭は車の運転。外出が許され、とにかく足を向けたかったのが車ディーラーなのは、当然の成り行きでした。

私は高倉が気分をリラックスさせている間に、食材の買い出しや、家の片づけなどのメニューをこなそうと、一足早く家で降ろしてもらいました。ところが、二十四時間態勢で病院の付き添いが続いていた私の身体は、思うように動けなくなっていました。まるで石地蔵にでもなったよう

に体が重怠く、家の階段の上り下りすら、心臓がドキドキバクバクしてしんどいのです。両手に洗濯物を抱えながら、階段途中で「ふぅ〜〜〜」とへたり込んでしまうほどでした。あまりの情けなさに、病室では決して見せるまいと必死に抑え込んでいた涙が、ぽたぽたと止まりませんでした。

それに引き換え、自宅での高倉はまさに水を得た魚。車庫で車のエンジンを掛けたり、久々に観られる海外ドラマのシリーズ物を観て、「今日のおやつは何？」という言葉が自然に出るほど、食欲が戻ってきました。

一度目の化学療法で、これほどの効果が認められるとは、主治医の先生方も予想以上だったようです。

また、気合入れ第二弾は、映画を観ること。

気に入った作品は、ＶＨＳ版、ベータ版、レーザーディスク、ＤＶＤ、そしてブルーレイを揃えていて、特典映像が加わるたびに、同じタイトルの作品が買い足されていきました。

定期的に見直す一軍作品には、『冒険者たち』（一九六七年フランス）、『ブリット』（一九六八年アメリカ）、『ゴッドファーザー』（一九七二年アメリカ）、『ディア・ハンター』（一九七八年アメリカ）、『トーマス・クラウン・アフェアー』（一九九九年アメリカ）、『グラディエーター』（二〇〇〇年アメリカ）、そして『マイ・ボディガード』（二〇〇四年アメリカ）など。

自宅で過ごせた六日間、高倉が「あれがいいな」と選んだのが、『マイ・ボディガード』で、心置きなくボリュームを上げて観ることができました。

A・J・クィネル原作、邦題『燃える男』は、高倉が四十歳代の頃、日本版制作の企画が持ち上がっては立ち消えるを繰り返していた、思い入れ深い作品なのだそうです。一九八七年にスコット・グレン主演で一度映画化されていますが、高倉が好きなのは二〇〇四年にトニー・スコット監督、デンゼル・ワシントンとダコタ・ファニング主演のリメイク版でした。

「リメイク作品って、〝えっ、勘弁してくれ〟っていうのが少なくないけど、これ（『マイ・ボディガード』）は、圧倒的にトニー・スコット（監督）版が良いね。主人公が、白人から黒人になってたのも、ハリウッドが時代を読んだ証なんだろうね。トニー・スコットが、同じ鍼灸所に通ってたデンゼル・ワシントンを主役に思いついたなんて、不思議な縁だよね。命のジレンマが描かれることで、アクションの重みが増してくる。この映画（のアクション）は、かなり過激だけどね。贖罪と救済。それにしてもこの子役（ダコタ・ファニング）が上手すぎる。キャスティングが見事だね。嵌《はま》り役って、この子役のこと。撮影が一年ずれたら、この幼気《いたいけ》な雰囲気は出せてないだろうから。トニー・スコットの音楽センスは抜群だしね」と、本編を観終わったあと、いつも通りに特典映像もすべて見直しました。

二〇一二年八月に、トニー・スコット監督の自殺の報に触れたとき、「(兄の)リドリーに何て(お悔みを)伝えたらいい? 切なすぎるな」と、高倉が出演した『ブラック・レイン』の監督、リドリー・スコット氏へお悔みを綴ったことが思い出されました。

五月七日の夜、病室に戻りました。

この日の夕食はハンバーグ。

翌日の夕食は、サーロイン。

病室を確保してから三十三日目、五月九日、続く五月十日、二クール目となる化学療法がおこなわれました。気分が塞《ふさ》がないよう、病室でお汁粉をつくり、担当の看護師さんたちにもこっそりお福分け。

治療終了とともに、帰宅の許可が下り、病室を後にできました。

五月十三日、「貴、カレーが食べたい！」。

この日、何と三カ月ぶりとなる我が家のカレーライスのリクエストが。「週一回は、これがいい」と言ってくれる高倉の好物。食後には、チョコチップのアイスクリームとエスプレッソをいただけて、治療の成果を二人で実感することができました。

これ以降、浮腫《むく》み、不眠、便秘の対策を取りながら、週三回、病室に戻り採血を受け、その結果次第で帰宅できるかどうか、その都度ご判断をいただくことになりました。


五月十四日、採血の結果、初めてとなる輸血と白血球増加剤投与が行われました。

感染症のリスクをできるだけ減らすため、しばらく顔を出さずにいた行きつけの床屋さんにも、高倉が自身の運転で往復できるまでになり、先行きに薄日がさしてきたように思えました。

自宅で過ごす時間が増えたことから、再開したのが『声に出して読みたい論語』の音読です。

「映画がクランクインしたとき、恥ずかしくないように。呂律《ろれつ》がおかしいんじゃ、話にならない」という高倉が、「今までできなかった分もやろう」と、一日に二日分または三日分ずつ、積極的にこなしていきました。

「時間、測ってよ」と、タイムトライアルも忘れませんでした。

「俳優は、サラリーマンとちがって定年はないけど、いくら自分が俳優だ！って叫んだって、依頼がこないいんじゃどうしようもない。それと、台詞が覚えられなくなったら、哀れなもんだな。

ポルトガルの闘牛士が言ってただろう。『笑い者にならなければ、まだ続けていきます。同情での拍手は要りません』って。闘牛は、闘牛士と牛、それと観客のドラマ。農民（大衆）と貴族、被支配者と支配者、時代に合わせて変える勇気と、変えないプライドとか、それは、俳優と観客の関係と同じだと思わない？　僕だって、笑い者にはなりたくないからね」

高倉が引き合いに出した闘牛士とは、ポルトガルの名騎馬闘牛士デビッド・ターレス氏のことです。繰り返し見ていたドキュメンタリー番組のなかで、もっとも印象に残ったのが、闘牛士として三十年以上のキャリアを積まれている、ターレス氏のインタビューでした。

高倉自身が、備忘録に、画面の日本語訳を一語一語丁寧に書き写したページがあります。

「私は、自分の選んだ職業に身心を傾けてきました。

自分の闘牛が前より良くなったかどうか、私にはわかりません。

三十年以上、戦い続けられたこと、少なくとも私にはその満足があり、それゆえに幸せです。

皆が私を戦わせてくれ、私も笑いものにならない限りは、やめないつもりです。

しかし、同情から出場させてくれるようになったら、すぐやめます。

もし、失敗したなら、他の闘牛士にするように口笛を吹いてくれて結構。

私は、戦いをやめない。

しかし、同情を感じたなら即座にやめます」

と書かれています。

五十八年の映画俳優人生を振り返り、高倉がこの言葉にどれほど奮い立たされたか、想像に難くありません。

俳優としての矜持を失わないために、日々の努力を続けていました。


五月二十四日は、病院の送迎をしてくださる方の都合がつかず、高倉自身が運転して病院に向かうことになりました。職員通用口で迎えてくださったコンシェルジュが、「小田さん、今日は、ご自分で運転なさっていらしたのですね！」と驚かれるほど、治療の効果は顕著でした。

その後、病室に入られる看護師の方々が開口一番、「小田さん、今日はご自身で運転なさっていらしたのですね！」と、高倉の運転のことを口にされたので、よほど関心が高かったようです。高倉の車好き、運転好きはこの時以来周知されたようでした。

五月二十八日、体調の回復が認められ、この日をもって病室での筋力回復のリハビリテーションは終了となりました。

最後に観た映画『八甲田山』　六月

六月五日、病室に戻りました。夕食は、叙々苑のカルビ弁当。

六月六日、化学療法三クール目、初日。

私は、自宅で空調の水漏れ修理とトイレ交換に立ち会うため、早朝に病院を離れ、タクシーで自宅に戻りました。家主の体調変化に、家が同期しているような感覚でした。

六月七日、化学療法三クール目、二日目。

点滴は午前中に終了し、高倉とともに自宅に戻れたことは良かったのですが、ここに至り、私自身の身体が悲鳴を上げ、帰るなり倒れ込みました。いくら頭で指令を出しても、手足が反応してくれません。初めての体験でした。

六月九日、高倉は昼過ぎに病室で採血を受け、その結果自宅に戻れることになりましたが、家に着くなり「ちょっと、横になりたい」と、二階の寝室に上がることすらできず、一階のリビングのソファにたどり着くのが精いっぱい。久しぶりに強烈な倦怠感に襲われているのがわかりました。

夕食に用意したお粥を、何度も口にしようとしましたが、ほとんど食べることができません。そんな高倉を、何とか二階の寝室まで移動させ就寝。

翌十日、起床時に大量の汗をかき、食欲もまったくありませんでした。

「起き上がって病院に移動するより、横になっていたい」という高倉の希望に副《そ》い、水分補給をまめに心がけることにしました。人肌に温めた林檎ジュースはとても飲みやすいようでした。急な食欲減退で不安になりましたが、体温、血圧は正常の範囲内ということを担当医に報告し、そのまま自宅で見守ることにしました。

その晩、ベッドに横になったまま、TVのチャンネルザッピングしていた高倉が、「あっ」と手を止めたのが、『八甲田山・完全版』でした。

東映を離れて、個人事務所として受けた、『君よ憤怒の河を渉れ』の主演に続く、フリー二作目〝僕の人生を変えた作品〟でした。

場面、場面で、その時の心境を詳しく話してくれました。

「ここさ、風を避けようとして、フードをできるだけ目深に被ろうとしたり、襟で口元を覆ってるだろ。とにかく必死。あれ、演出とか演技じゃないよ。ああしなかったら息ができないんだ、空気が冷たすぎて。台詞とか何とかいってる場合じゃなかったね。

ときどき、吹雪に向かって役者が顔突き出してるのあるだろ、演出なんだろうけど、普通人間は吹雪から顔を背けるものなの！　いくら顔売りたいからって、そういうの（顔のアップ）見ちゃうと、もう僕は嘘くさくてその時点でダメ。役者なんて、最後は生き方。生き様を感じてもらうしかないんじゃない！

これ（『八甲田山』）で森谷（司郎監督）と初めて組んだんだけど、最初はもうずっと寒いなかでの我慢比べ。こっちは現場で一歩も動かない。『休んでてください』なんて言われたって自分一人、車のなかで待機するわけにはいかないんだよ。足跡つけるわけにもいかないし。

宿で、若い俳優に『なんでこの映画に出ようと思ったの』って訊いたら、『健さんが出るって聞いたからです』って、言うんだよ。そんなこと聞いてるもんだから、余計に、自分だけ待機するなんてわけいかないだろう。もう、映画のなかの作り物のはずの部隊が、まるで現実なんだよ。だから、意地だね。負けるもんかだよ。森谷を目で追いかけてね。森谷は煙草吸いながら、天気待ち。大抵（の撮影）は晴れ間を待つことが多いけど、この時の撮影はほとんどが吹雪待ち。

このあと、森谷とは『動乱』（一九八〇年）と、『海峡』（一九八二年）やったんだよね。そのあと森谷は、関係者に『僕は、健さんと、一生一緒に映画撮ってたい』って言ってくれてたらしい。いろんな監督と仕事させてもらったけど、振り返ると森谷はすごく男っぽかった。黒澤組出身で、作品が骨太だったね。

森谷が亡くなったとき、『無法松の一生』（高倉が晩年まで心残りになっていた作品）撮れるのは、やっぱり森谷しかいなかったなって改めて思った。僕が（青森の）撮影が一段落して、先に東京に戻ってきたとき、森谷から手紙もらってね。（北大路）欣也側の部隊の撮影してる合間に、酸ヶ湯《すかゆ》（温泉）から出してくれたってやつで、雪に埋まって耐えてる樹木の姿が哀しいって。人間や動物のように、泣きも吠えもできないで、じっと立ち続けてるけど、自分は放浪できるのが嬉しいとかなんとかって書いてきてた。

ここ見て！　案内人の秋吉（久美子）君に敬礼してるでしょ。当時の軍人が、民間人にすることはあり得なかった。でも、ここでの敬礼は、命の恩人に対して感謝を表すもっとも大切な表現だと思う。好きだね、このシーン。だけど、雪中行軍で生き残った軍人は、そのあとの日露戦争の最前線に送られてた。実在の人物を演《や》るのはほんとに切ないな」

この時、高倉は『八甲田山』を観ながら、すべてのシーンのエピソードを、解説してくれました。

高倉は、自分の出演作を自宅で見直すことは、ほとんどありませんでした。東映退社後、三年掛かりでの撮影を終え、第一回日本アカデミー賞最優秀主演男優賞を、『幸福《しあわせ》の黄色いハンカチ』とともにダブル受賞した映画『八甲田山』を、病気療養中、しかも、新作映画のクラインクインを目前に控えて偶然観たのは、感慨深いことだったと思えます。

六月十一日、病室に戻ったこの日、白血球増加剤の投与が行われ、抗癌剤使用に伴う吐き気止めのゾフランが、飲み薬として処方されました。食欲不振の治療もあるため、この日は病室泊。

夕方、青森放送のアナウンサーの方から届けられていたＴＶのドキュメンタリー番組「Ｄｒ．ぜんすけ」のＤＶＤを、病室で見ることにしました。添状には、「柳先生は、高倉様の大ファンです。突然で不躾ですが、闘病中の柳先生に励ましの手紙をお願いできないでしょうか」というご依頼が書かれていました。

Dr．ぜんすけとは、兵庫県淡路島出身の医師、柳善佑《ぜんすけ》先生のこと。大阪府の和泉市立病院で外科医として救急部長の立場にありましたが、常勤医師がいなくなった青森県深浦町の関診療所へ移られ、地域医療に取り組まれた様子が活写されていました。

ポロシャツとカジュアルズボンに白い診察着を羽織り、訪問診療のときは、雪駄履き。聞き慣れない津軽弁は、看護師さんの通訳を頼り、笑顔で地域に溶け込んでいく。診療所兼ご自宅では、多忙な診療の合間に、医学生や研修医の実習指導も積極的に引き受けておられました。奥様の手料理が並ぶ夕食後のひととき、柳先生が「これも実習のうちや」と笑いながら、研修生に半ば強制的に高倉の映画を見せるシーンが印象的でした。

「君たち知っとるか？　高倉健！」

無邪気でもあり、諭すようでもある張りのある大きな声が部屋中に響きます。

善佑先生の高倉作品のツートップは、『幸福の黄色いハンカチ』と、『遙かなる山の呼び声』。三つも四つも世代の違う研修医たちは、答えに窮《きゅう》し苦笑いです。

番組は、中盤を過ぎて大きく舵を切りました。

二〇一一年、善佑先生ご自身が検診を受けた結果、肺癌が見つかったのです。古巣、大阪の病院で治療を受けながら、深浦町に戻り、診療を続けていらしたのですが、その後、

癌は脳へと転移。体調の悪さを自覚しながら、

「映画のなかの高倉健は、こんなことで弱音を吐くかと思って頑張るのや」と、自分自身を高倉の役柄に重ねて鼓舞する、善佑先生の姿が映されていました。

善佑先生のこの言葉を受けて、番組を観ていた高倉は、

「僕は、こういう方に支えられてるんだね。早い方が良い。手紙書こう」と、静かに話し、病室で励ましのお便りを綴りました。

「偶然、前日に八甲田山完全版を観る機会があり、ここ数日すっかり青森の香りに包まれました。

柳先生の真っすぐな生き様に、

〝生ききる〟ということを今一度学ばせて戴いた気がしております」と。

高倉が、映画の作品ごとに異なる刺繍を施して作っている、スタッフ用のオリジナルキャップとともにお送りしました。


六月十二日、昼過ぎに病院を出て送迎の車で帰宅したところ、いつも出入り口としていたガレージのシャッターのリモコンが利きません。急遽、普段は使っていない別の扉から家に入ることはできましたが、

「これじゃ、車出せないな！」と高倉はピリピリ。すぐに高倉自身が修理を依頼し、その日の夕方、急ぎ駆けつけてくださった修理業者の方に、

「昨日、すごい雨だったから、それが原因なら（修理は）早いよね」と、イラチ（短気）っぷり全開で、点検の様子をつきっきりで見ていました。小一時間ほどして、どうやらモーター交換が必要とのこと。部品調達も含めて修理は翌日仕切り直しとなりました。

「何だか、最近いろいろ壊れるね！　今日は（床屋行き）諦める」と、高倉も、自分の健康状態と家の様子が似通ってきていることを感じ取っているようでした。


　六月も半ばを過ぎて、高倉の食欲も少しずつ戻り始めました。


　六月十八日、午後早くに病室に戻った高倉は、

「先生、頭が痛いんですが」と、いつもと違う症状を訴えたことから、採血に加え、頭部ＭＲＩとＣＴを受けることになりました。検査結果を待たず帰宅が許されましたが、夜、担当医から連絡が入りました。

「ＭＲＩの結果は、軽度の硬膜下《こうまくか》血腫《けっしゅ》でした。軽微な頭部の外傷、まれに、今回の一連の検査で行った髄液検査により、引き起こされる場合もあります。高齢の方に多くみられ、

初期の頃には出血量が少量のために症状が出ません。徐々に出血量が増えていくと症状が出ますが、手術により改善されます。年齢を加味すると、何があってもおかしくありませんが、脳神経外科にも相談したところ、現時点での判断は血腫の量は少量であること、頭痛との関連がこの血腫の量では定かではないことなどから、まずはこのまま様子を見ましょうとのことでした」と。

私は、電話口で書き留めた硬膜下血腫を口に出してみました。

コウマクカケッシュ。カ行ね……。

新たに聞かされた病名は、響きの硬さばかりが気になって内容をすぐに飲み込めません。疲れと不安が血流を悪くして、両肩がどんどん固くなるばかり。あっ、ぼーっとしている場合じゃないと我に返り、改めて自分で調べてみると、慢性硬膜下血腫は、脳と頭蓋骨の間に血液が少しずつ貯留する病気とありました。一般的に六十歳以上の高齢者に多く、頭を打ったあとや、しりもちなどで脳が揺り動かされたあと、二週間から三カ月の期間に起こるとされています。具体的な症状は、認知機能の低下、歩行の障害、尿失禁、頭が痛い、言葉がでにくい、けいれんが起こることなどでしたが、脳卒中（脳梗塞、脳出血）とは違い、ゆっくりと出現して進行していくと書かれていました。

私が見ているところで転んではいませんでしたが、床屋さんへの往復は、高倉自身の運転で移動しているので、すべての行動を把握し切れているとはいえません。そこで、念のため私は「転んだりしてませんよね」と尋ねましたが、「そんな覚えはない！」と。

白血球の減少が見られたものの、その数値は予想の範囲内とのことで、定期的な採血検査が繰り返されていきました。

この頃、私自身も胃痛が避けがたく、いろいろな市販薬を試しましたが、どれも効果は今一つ。むしろ、薬の飲みすぎによる副作用で、身体のあちこちに発疹が出てきました。ついにおでこや頬など、衣類などで隠し切れないところにも発疹が目立つようになり、「おい、貴、どうした？」と高倉にも心配されました。

私の眠気、腰痛、胃痛の不愉快三兄弟とは、切っても切れない深いお付き合いになっていきました。

寛解・退院　七月

七月二日、この日の採血の結果、白血球の数値が低く、今月予定していた四クール目の化学療法は見送られることになりました。

七月六日夕方、高倉自身が車を運転して床屋さんに向かいました。家で待機していたところ固定電話が鳴ったので、いつもの帰るコールのつもりで受話器を取ると、

「貴、そこでこけた！」と。

「えっ、そこって、どこですか」と訊き返すと、車で戻るはずの高倉が、両腕に紙袋を抱えて、車庫前を映しているモニターカメラに収まっているのです。

「今、シャッター開けます」と、電話を切り、高倉を大急ぎで家のなかへ。

「今日、佐藤（床屋）で少しふらついたもんだから、タクシーで帰ってくださいって（従業員の方から）言われて、家の少し手前で降ろしてもらったんだよ。両手に紙袋ぶら下げ

てたんでバランス取れるはずだったんだけど……。重すぎたんだね。あぁ、左足の小指が痛い」と。

靴下を脱いでもらうと、小指が紫がかってぷくっと腫れていました。

「とにかく、冷やしますから、横になってください。これ以上こけたら、捻挫ではすまなくなりますよ」と、私は冷静に焦りました。

高倉は、車を運転して自宅を出るときには、自分でリモコンを使い車庫の開閉をしますが、帰宅するときは、決まった地点から電話を掛けてきて、「あと〇〇分くらい」と指示があります。車の到着に合わせて、わたしが家側のスイッチを押して、シャッターを開けるのが習慣でしたので、高倉は家の鍵を持っていません。

晩年は、付き人の方はおりませんでしたので、高倉が、ポツンと道に佇んでいる姿は、非日常の極みでした。


翌七日、昼過ぎに病室に戻りました。

高倉自身が、これまでの経過と、昨日のズッコケ騒動を担当医にお伝えすると、「小田さん、わかりました。足のふらつきはやはり気になりますので、ＣＴを取らせてください」とのことで、その結果が脳神経外科の先生から高倉に伝えられました。

「小田さん、右側の慢性硬膜下血腫です。ですが、症状としては軽いので、このまま様子をみられてもいいでしょうし、今日であれば、これから手術の時間をおとりすることはできます」と。

「先生、では、今日お願いします」と、高倉に迷いはなく、急なことでしたが、その日の夕方、右穿頭《せんとう》ドレナージ術を受けることになったのです。ドレナージとは、誘導管を使って血液、膿、滲出液、消化液などを体外に誘導し排出することをいいます。説明では、局所麻酔をかけ頭の皮膚を3㎝ほど切開して、頭蓋骨に1㎝ほどの穴を開ける。血が溜まった箇所を取り除き洗浄したあと、管を入れ術後に溜まってくる出血や洗浄液を外に出し、のちに管を抜くというものでした。

術後の注意点は、頭部を動かさないよう固定すること。点滴を受けるため尿量の測定が必要で、多くの患者さんには導尿（カテーテルを尿道の中に挿入して人工的に排尿させること）を勧めているとのことでした。

「それは、嫌です」と、高倉はきっぱり拒みました。そこで、ベッドでの排尿と尿量の測定は付き添いの私が任されることになりました。

高倉が手術室に入るのを見届けたあと、私は病室に戻り待機しました。

「難しい手術ではありませんから」と、先生から仰っていただいたものの、あまりに急なことで、どうにも落ち着きませんでした。

十九時過ぎ、手術を終えた高倉がストレッチャーに乗せられて病室に戻りました。少し遅れて病室に入られた先生から、「手術は上手くいきました。今晩は、頭を動かさないように気を付けていてください」と、私は改めて注意を受けました。「先生、どうもありがとうございました」と、感謝の想いとともに深く頭を下げました。

さぁ、ここからが不意打ちの〝寝ずのお当番役〟の始まり。お役目開始の合図に、頭の中で高倉が好きだったボクシングのリングベルを一打、〝カァ〜〜〜ン！〟と、鳴らして気分を高揚させました。

先ずは、三十分後の19：30。

「貴、トイレ！」と、手術後初めてとなるトイレタイムの掛け声でした。いつもの調子で上半身を起こそうとする高倉を、

「さっき先生に言われたじゃないですか。今日は、頭を動かしちゃいけないんですよ」と、肩が動かないように押さえながら、

「えっ、どうして?」、眠気のなかで、状況が呑み込めずにいる高倉との攻防が始まりました。

今晩こそは、一睡もできない覚悟のもとベッドの横に座り、ちょうど目線の少し下に高

倉の寝顔を捉えました。ぴくっとでも身体のどこかが動こうものなら、立ち上がって見守りました。慢性的な睡眠不足で、瞼を開けたまま気を失っているようでしたが、何かあったら、いえ、絶対に何もあってはならないという緊張感を維持し続けた一夜が明けるまで、十八回に及ぶ尿の計量を9：40に終えることができました。

この時、私の頭のなかのバーチャルな光景には、〝カンカンカンカン!!〟という終了を告げるリングベルの音が鳴り、薬玉《くすだま》が弾け、紙吹雪が舞いました。

午後、高倉の頭部からチューブが抜かれ、縫合手術後、絆創膏が貼られて病室に戻りました。

洗面台の鏡の前で、

「僕は、気持ち良く寝てただけなんだけど、知らないうちにこんなところに絆創膏貼ってあるんだ（笑）」と。

昨夜のことは、すべて夢の中……。

七月十日、教授回診。

「小田さん、治療（化学療法）は三クールで終了します。来週、退院できるように手続きをとりましょう」と仰っていただきました。

「そうですか。もう帰っていいんですね！」と、高倉の声が、一段と弾んだのは言うまでもありません。採血、そしてCTの結果、病気の症状が軽減し、臨床的にコントロールされた状態、〝寛解〟のご判断をいただくことができたのです。

これ以降は、定期チェックを受け、その時々の症状に即した治療へ移行することになりました。

七月十五日、病室の荷物をすべて撤収できる完全な退院が実現しました。

担当の先生が、「小田さん、四月七日の入院から、今日がちょうど百日目です。なんか、記念すべき日ですね」と、ご一緒に喜んでくださいました。

高倉も、「ありがとうございました。お世話になりました」と挨拶し、病院の扉を通る時、「さ・よ・う・な・ら〜〜〜っ」と呟きながら、明るくお道化《どけ》た表情が忘れられません。

荷物をいっぱいに詰め込んだバンの助手席に乗り、運転してくださる方に、「今日は、ゆっくり（走ってくれれば）でいいよ。帰るまえに、ちょっと歩きたい」と言ったあと、窓ごしに通い慣れた街並みを、無言で見つめていました。

駒沢オリンピック公園で、高倉が車を降りました。私がいつものように、車中で待っているつもりでいると、

「今日は残らないでいいよ、気持ちよさそうだから一緒に歩こう」と、車外に誘ってくれました。

車の運転をサポートしてくださる方と高倉が並んで歩いている後ろから、ゆっくり歩調を合わせました。

公園の樹々の葉は、四月の入院のときに見かけた清《すが》しい若葉から、深い緑へと変わっていました。

「この辺りのマンション、緑がいっぱいで風が気持ちいいだろうね。いい物件があったら見に行きたいね」と、お気に入りのキャップを被り、たくさんの笑顔とすれ違いながら、歩いた高倉は、ただただ前向きでした。

このときの散歩が、私が日中、高倉と共に戸外を歩いた最初で最後の思い出です。

退院後、自宅で過ごす際の注意すべき四ヵ条は、このようなものでした。

一、収縮期血圧（上）が、八〇㎜Hgを切ったとき
二、発熱三八・五度が持続的に認められたとき
三、意識レベルが著しく低下したとき
四、急激な呼吸困難を認めたとき

家の中のあらゆる場所にメモ用紙と筆記用具を用意して、日に四回、血圧、脈拍、体温の記録を続けました。

体調はおおむね安定していましたが、両脚の膝下の浮腫みが気になっていきました。浮腫みは夕方、酷くなりますが、朝には正常に戻っている。その繰り返しでした。

穏やかにすごしていたある日のこと、

「貴、家を建て替えよう」と、高倉が言いだしました。

「平屋がいい。バリアフリーのね。今でも悔しいんだけど、京都の（手放した）土地。あそこね。バリアフリーにはもってこいだったな。『八甲田（山）』のとき、最初から（撮影が）三年かかるってわかってたら、もう少し仕事の取り方を考えてたと思うんだけど、独立したてで、とにかく突っ張ってた（時期だ）からね。一つの作品に集中しようって決めたんだ。ただね、作品が終わらなきゃギャラが入ってこないんだって、途中で気が付いたんだ。

会社を辞めて、フリーになったっていうことを、金が入ってこないことで実感した。これがほんと大変。仕方ないから、先ずハワイのマンションを売って、それでも足りずに、京都の土地を売って……（凌いだ）。とにかく今度は、風通しのいい平屋がいい。月見台とかも作ろう。あれ、出して見せてよ」と。

これまで、具体的な時期は決めていませんでしたが、高倉は家の建て替えを考えていました。自宅の地形を基に陽の廻りを考えて、リビング、食堂、寝室、トレーニングルームなど、理想的な間取りを書き込んでいました。建築やインテリアにも強い関心のある高倉が、ヨーロッパや北米のインテリア本を買ってきては、「こんなの、堪らないね」と、ページを切り取ったり、コピーしたり。スクラップファイルはどんどん厚みを増していました。

「問題は駐車場だな。やっぱりもっと広いほうがいいね。ワンウェイに作れれば、一番ストレスがないよな。ぶつけるリスクが減るし。そうすると、自宅に置いておける台数にしなきゃいけないね。どれ、残したらいいかな？」と、早速、残したい車の番付けに取り掛かりました。飽くことのない、高倉の車への愛着心でした。

「僕は、日本の道路には左ハンドルの方が合ってるし、安全だと思ってるよ」と、左ハンドルの車にこだわり、車高のある車、低い車、加速がいいもの、エンジン音が好きなもの。

「あぁ、今は決められない。どれも手放せないよ。車は後からでいいから、先ず家だな」

と、設計士の方とのやり取りが、具体的に始められました。

家の建て替えの下準備は、何をさておいても荷物整理です。家に居られる時間を上手く使わなければなりません。早速、七月の下旬から取り組みました。

先ず手始めは、床や机の上、書棚をすっかり塞いでしまっている積読《つんどく》本の整理から。見えているところだけで軽く千冊。処分する、寄贈する、保存する、三種類の段ボールに振り分けていきました。単行本一冊の重さは気になりませんが、何十冊ずつかまとめて運び始めると途端に動作が鈍りました。

一に体力、二に体力。立ち止まってはいられません。


退院後、高倉の体重は、六五〜六六kg台まで回復してきました。

食生活にも変化がみえ、冷たいものを避けていた高倉が、毎夕食後、アイスクリームを食べたがるようになったので、ホームメイドのフレッシュなアイスクリームを食べて欲しいと思い、アイスクリームメーカーを購入。定番は、バニラアイスクリームでしたが、そのほか、季節の果物も取り入れてみました。なかでも、相性が良かったのは桃です。甘味を控えめに炊いた小豆のアイスクリームも、「これはうまいね!」と好評でした。

高倉自身が雑誌で見つけた、デロンギのエスプレッソマシンの最新機種を購入して、キッチン周りにワクワクできるものを取り入れてみました。

七月二十八日、退院後十三日目の定期チェックの日。

早朝、病院に着き、採血、ＰＥＴ－ＣＴを受けて、無事帰宅することができました。

悼む作法

「僕は、病院に見舞いに行くのは好きじゃない。来てくれって頼まれれば、断れないこともあるけど。人の弱ってる姿を見るのは好きじゃないんだ。それに、よく病状もわからないまま、『お元気そうですね』なんて気安いこと言えない。だって、元気じゃないから病院にいるんだろ。みんな闘ってるんだよ。年をとるのも、当たり前。生まれたから、死ぬ。よかれと思って、誰それが入院してるようですって知らせてくれるんだろうけど、僕は医者じゃないし、見舞いに行ったからって治せるもんじゃない。その人との絆は見舞いに行ったかどうか、そんなことで量るもんじゃないって思ってるからね。とにかく、僕は弱ってる姿は絶対に見せたくない！見せるもんじゃないと思ってる。覚えててね」

五十八年の俳優人生を送る高倉が、もっとも積極的ではなかったのが、病院への見舞いでした。そして、見送り方にも持論がありました。

「葬式だって、本当に悲しんでたら行けないんだよ。大勢の人に囲まれながら、気持ちを整理するなんてできない。

悼むってのは、心の問題だと思うんだよ。

人それぞれ、違っていいと思うけど、僕は体裁だけ整えて心がこもってないっていうのが、どうなんだろうと思ってるだけ。

それで真っ先に思い出すのは、おやじが死んだあと、お母さんに『これで、楽になったね』って声かけたら、『片腕もがれたごとある』って言うんだよ。親父は若い頃から、すごくもてた人で、お母さんにしてみたら、僕たち子供四人かかえて、それは複雑な思いがあったはずなのに。それでも、親父が亡くなったら自分の身体の一部が無くなったみたいだって……。僕は、その想いこそ、悼むってことなんじゃないかって思えたね。

そのお母さんもいよいよ難しくなって、入院したって聞いた時、運よく見舞いに行けてね。もう、喋れる状態じゃなかったけど、手を摩《さす》り続けた。お母さん、一回り、二回り、小さくなっちゃったなって……。

親父の時も、お母さんの時も、死に目には会えてない。仕事が入ってて。これこれこうですって事情を言えば、休ませてもらえて会いに行けたんだろうけど、僕は敢えてしたくなかった。主役の立場っていうか、仕事のスケジュールを変えてもらってまで、私的な事情を優先すべきじゃないって、俳優になったとき何故だか人並みっていうことを捨てなきゃならないって、覚悟した。それと、もう一つ。別れが怖かったんだね。そっちのほうが、正直なんだと思う。

仕事が終わって実家に戻ったとき、お母さんの骨壺開けて、骨、齧って食べたんだよ。『お兄さん、止めて』って、見てた妹が叫んだ。僕は、別に気が触れた訳じゃなくて、お母さんと離れたくないと思っただけ。すごく冷静だった。

お母さんは、僕の唯一の法律だったからね。いままで、何とか自分（の感情）を抑えられたのは、その都度、お母さんの悲しむ顔が浮かんできたから。

『辛抱せんといかんとよ』って、子供のころから言われ続けてた。

子供の頃、池の水を抜いて魚の捕り放題大会があって、大人に混じって首まで泥水に浸かりながらウナギと格闘したんだけど、収獲ゼロ。相撲大会は、四人抜きの一等の賞品は自転車だったの。必死で踏ん張るんだけど、ころっとひっくり繰り返されて、膝擦りむいて、はい、おしまい！って。お母さんはいつだって、『辛抱ばい』って。

それが、大人になった今でもその想いがストッパーになってる」

「今日、ちょっと○○さんに手を合わせに行ってくる」

親しかった方の訃報に触れたとき、高倉は気持ちを整えてから一人手を合わせに行き、お別れをするのが常でした。

それは、国内に限らず、海外でも。

第四章

夏の霜

線香花火

八月

「これで、今年も、お母さんとお父さん来てくれるね」

八月十三日は、自宅でお迎え火を焚くことができました。例年に倣い、胡瓜の精霊馬《しょうりょううま》と茄子の精霊牛《しょうりょううし》を作り、夜、玄関先で高倉と一緒に手を合わせました。

高倉は、積極的に身体を動かし、私自身も自宅での日常を必死に取り戻そうとしていた時期でした。

高倉の体温は三六度台、体重も六六kgに回復。

八月十四日は、病院に定期検査に行きました。病室でなく、外来で対応していただくのは新鮮な気分でした。

採血、そしてＣＴ検査を済ませて、診察室で担当教授から、四月の入院時と治療後となる先月末のＰＥＴ‐ＣＴ検査の比較説明を受けました。腫瘍の改善が見られた部位、残存したところが具体的に示されました。その後、検査結果の話以上に盛り上がったのが、高倉が出演した映画の話でした。

教授は、「私は、断然『幸福の黄色いハンカチ』が好きですね。ハッピーエンドなのがいいです。高倉さんの映画では、（ハッピーエンドは）珍しいですよね。私は、職業柄かもしれませんがハッピーエンドがいいです」と、ハッピーエンドを何度も強調されました。するとと高倉は、「そうですか。でも僕は、『八甲田山』が自分の人生を変えたと思っています。この前も、自宅で、TVでやってたのを観たばかりなんです。僕は、なんででしょうか、寒いところ（の作品）が多いんです。ハワイでヨットに乗ってとかいう（撮影の）話は、来たことがないんです。自分では、短パン姿がよく似合うと思ってるんですがね（笑）」と、大いに盛り上がりました。

慢性硬膜下血腫の術後経過も問題なく、定期的な採血検査を続けることになりました。帰りがけの車のなかで、「なんかちょっと、食べていかないか」という高倉のリクエストで、ドライバーをしていただいているスタッフの方とともに、ホテルのラウンジに立ち寄りました。食欲が、確実に戻り始めていたのです。

十六日、お盆の送り火の日。

玄関先で手を合わせたあと、線香花火の封を開けました。

三日前、お迎え火を焚いたあと、

「貴、今でも線香花火ってあるのかな？　今度、用意しておいてよ。やってみたい」と、
高倉のリクエストで買ってきておいたものでした。

「これさ、子供の頃よくやってたな。誰が、最後まで火の玉を落とさずに済むかって競争するんだよ。貴、したことある？　一緒にやろう」と。

お互いに一本ずつ手にして、花火の先に蠟燭《ろうそく》の火を移しました。

紙縒《こよ》りの先を人差し指と親指で摘まんだ先から、小さな火の球ができて、火花が松葉状に散り始めます。

負けず嫌いの二人。

微笑みながら、神経は指先に集中させていました。

パチパチ……、パチパチ……。

「……」

「……」

パチパチパチパチパチ。パチパチパチパチパチ。

「……」

「……」

シユッ。

シユッーー。

「…………」

「…………」

高倉の火の玉が先に落ちました。

嫋《たお》やかなひととき。

儚い花火の残像。

「…………」

「…………」

そして、夏の風。

「……終わりぃ……。貴、（線香）花火、ありがとう」

高倉が、毎年八月のカレンダーに必ず書き入れていたのが〝終戦記念日〟でした。

遡ること八年前の二〇〇六年、当時日本漫画家協

会の理事でいらした森田拳次氏から、直筆のお便りをいただきました。そこには、少年時代、満州から日本に引き揚げてこられ、のちに漫画家となられた方々が、終戦の日の記憶を伝え残すために、「一般財団法人日本漫画事務局八月十五日の会」（二〇二一年七月二九日法人解散）を発足させたこと、これまで続けられた地道な活動のこと、そして、高倉にも証言を綴って欲しいと書かれていました。

そのご依頼に応え、二〇〇六年に、十四歳のとき福岡県遠賀郡香月で迎えた終戦の日について書き残しました。そして、その証言に漫画家のちばてつや氏が画を添えてくださり、「日本が戦争に負けたらしいばい！」が完成していました。

二〇一四年、今度は新たに著者の肉声収録を目的とした「8・15朗読・収録プロジェクト」から、ご依頼を受けていました。

「今日、例のやつ録音しようか」と、高倉がその収録に臨んだのは十九日。

録音は、自宅のリビングで、MD（ミニディスク）を使いました。高倉はソファに腰を下ろし、テーブルに置いた原稿を前に気持ちを整えていました。私がMDの録音ボタンを押し、結んだ手のひらを広げながら、スタートの合図を送りました。

「日本が戦争に負けたらしいばい！」

タイトルのあと一呼吸おいて、朗読が続けられました。

「（中略）――昼頃、別の友達が『天皇陛下の放送があるらしいばい』と、僕らを呼びにきた。全員で寺へ走っていくと、ラジオから雑音だらけの音声が流れていて、大人たちの何人かが泣いていた――」

「ピーッ、ピピピピッ」と、収録中、野鳥の声が遠くに聞こえました。

「『えー、降参したとな?』。その後何度となく味わった、人生が変わる一瞬。諸行無常。この時が、初めての経験だったような気がする」

高倉のOKサインの頷きを合図に、録音ボタンを止めました。

「ふ～～っ」と、集中力を要した録音を終えて、少し疲れたようす。

録音中の野鳥の鳴き声が気になっていた私は、念のため「録り直さなくてよろしいですか」と、訊きましたが、

「録り直す必要ないよ、すぐに送ってあげて」と。

また、この時期、高倉には、映画の脚本もいろいろ届けられていました。体調が良く頭がクリアなときに、気になったタイトルのものから順に読んでいきました。

八月二十一日、そのうちの一冊を読み終えて、「これ、人物が太く（描かれてい）ないんだよな。若手の男女のロマンスが中心なんだけど、僕は、やっぱり骨太なのがいい。そ

うしないと、後世に残らない。でも、最近、骨太の話は、皆作りたがらない。なんか、寂しくなったね。残念だけど、これは僕のものじゃないな」と、感想を話してくれました。

こうして、自宅に戻れた高倉は、依頼の一つひとつにお返事していきました。


八月二十六日、延期されていたコマーシャル撮影が、昼開始で行われました。

この日のために、四月の入院を決意した高倉です。事前の打ち合わせや、衣装合わせも順調に済ませることができて、都内の映画撮影所に向かえました。

「早く終わった！」と、予定されていた時間より数時間も早く、高倉が自宅に戻れたのは夕方のこと。これまで、治療でお世話になった先生方にも、高倉のコマーシャル撮影が無事終了したことを、感謝とともにお伝えしました。


「貴、喉がすごく痛い」

「……？」

大きなミッションをクリアできた安堵感が潰《つい》えたのは、八月も終わろうとしていた頃でした。酷く咳き込む高倉に「今日は、床屋さんには行かないで、身体を十分に休めてください」と、数日間繰り返しました。

どうか、ぶり返しませんように。

祈るような気持ちで、毎日を見守りました。

体調の変化が著しかったのは、気温が三五度から二一度台に急激に下がった日。免疫力の低下が心配でした。

「僕は、この病気で死ぬのかな……」

九月〜十月

九月に入り、高倉の体温は三七度台に。

薮辛《いがら》っぽさと、左脇腹の痛み、頭痛が頻繁に起こるようになっていました。

二日に行われた、脳神経外科定期検診の経過は良好。

四日に受けたＣＴ検査の結果は、自宅にお電話をいただきました。

「肺にリンパ腫の病変が出現しています。再入院もあり得ることを、心づもりしていてください」と。


この時期、高倉が音読として続けていた『声に出して読みたい論語』に書かれていた言葉を、私は、手帳に書き留めました。

子曰く、「知者は惑わず。仁者《じんしゃ》は憂えず。勇者は懼《おそ》れず」

（孔子先生はこう言った。「道理を知っているので、知のある者は、うろたえることはない。仁のある者は、むやみに悩むことはない。そして、勇のあるものは、恐れることはない」）

九月八〜十日、二泊三日の検査入院となりました。

九日の夜、病室のソファで仮眠をとっていた私は、何か気配を感じて起き上がると、高倉がベッドの縁に腰掛けて静かに窓の外を眺めていました。

私は、そっと高倉の隣に寄り添いました。

「腰が痛い。寝てられなかった」

「この辺りですか？」と、私はゆっくりと腰を摩《さす》りました。

「そう、そこそこ」と、にっこり。

窓の外には、光鮮やかなまん丸の大きな月が見えていました。

「今日のは、満月は満月でも、スーパームーンというらしいです」

「…………。貴……、僕は、この病気で死ぬのかな……」

「……」

それは、あまりに唐突でしたが、淡々とした口調でした。

私は口をキュッと結び、高倉の温もりを手放さないよう、必死で腰を摩り続けました。

「……貴の手、あったかいね……」

「家に戻ったら、先ず何が食べたいか、考えておいてくださいね。そろそろ、横になれますか？」

「そうだね」

高倉の背中が、少し小さく感じられました。

このあと自宅に戻ってからは、終日リビングのソファで休む日々が続きました。

「家がいい」という高倉の希望に沿い、できるだけ自宅で過ごせるよう配慮しながら、一方で、緊急の対応に備え、九月十七日から再び病室を確保しました。

楽しみにしていた家の改築計画でしたが、設計士の方に一旦延期を申し入れました。

九月最終週は、体温は三八～三九度台。

十月一日、倦怠感も強まり、少し動いただけでも、両脚の痛みと胸苦しさが出てきたため、「検査のあと、絶対家に帰るぞ」と病院に向かいましたが、採血とＣＴ検査を受けた結果、肺の腫瘍拡大がみとめられ再入院が決まりました。

全身状態や病状を考慮し、症状緩和目的で、ステロイド点滴に加えて、リツキシマブ、白血球増加剤の投与を行い、そのおかげで、体調は安定していきました。

十月七日、待望の外泊許可。

治療の成果は、「肉が食べたい！」。

この日は、薄切りの牛肉を軽く焼いて、おろしポン酢を添えました。

十日の夕食は、シャトーブリアンを三切れ、松茸ご飯、烏骨鶏の卵焼きを少し。

この時、ちょうどＪＲＡのコマーシャルでお世話になった、北海道（勇払郡早来）の吉田牧場から、烏骨鶏の卵をお届けいただいたところでした。

添状には、

〝放し飼いで育てている我が家の烏骨鶏が、卵を産みました。烏骨鶏は、あまり卵を産みません。ですが、今回、珍しくまとまった数が揃ったので、少しですが、お届けします。召し上がってください〟と、書かれていました。

「吉田牧場には、ミツっていうおばあちゃんがいて。ちょうどお袋くらいの年だったんだ。撮影の時、いつも静かに、遠くからそっと見守ってくれてた。北海道の牧

場ってだけで、広々しててとにかく気持ちいい。その上、ミツさんに会いに行くのが、とっても楽しみだった。何もかも開放的で、犬も、鶏も、みんな放し飼い。元気に、牧場のなかを走り回ってる。

鶏っていえば、僕も、子供のとき、鶏小屋に卵を取りにいかされた。ポーッ、ポッ、ポッ、ポッっていいながら小屋に入って、鶏を落ち着かせてね。そうしないと、逆襲に遭う。産みたての卵って、貴は触ったことないだろ？　産み落としたばっかりの殻って、まだ柔らかいんだよ。優しく持って、落とさないように、そぉーっと小屋の外にでる。烏骨鶏の卵って、ちゃんと見ると、随分、小ぶりなんだね。数が取れないのを、こうやって届けてくれるなんて、ありがたいね」と、懐かしい話を聞かせてくれました。

食事を摂る場所は、高倉の体調に合わせてソファのテーブル、ベッド横に置いたテーブルと、その都度変えましたが、この日は、久しぶりにキッチンの丸テーブルで、並んで座ることができました。

「ごちそうさま」が聞ける場所。

食卓を共に囲める幸せは、何ものにも代えがたいと思えました。

ところが、

「病人は、僕なんだからね。頼むよ」と、笑えない出来事となったのが、十八日。病室で症状緩和治療の一環としてリツキシマブ投与と輸血を済ませた高倉が、十七時過ぎに、外泊許可をいただいてからのことでした。この日の晩、私自身が慢性的な寝不足や疲労が重なったせいか、病室で強烈な頭痛と吐き気、胃の痛みに耐えきれなくなってしまったのです。

この状態のまま私が運転するのは危険なので、「すみませんが、少し横になっていてもいいですか」と、高倉の代わりに私が病室のベッドに寝込むはめになってしまいました。入院患者ではない私は、病院の規則で薬を出していただくことはできません。病室のソファで雑誌を読みながら時間を潰してくれている高倉が、

「貴が運転できなきゃ帰れないんだから、待つよ」と、和んでくれていたのは幸いでしたが、いつ「やっぱり僕が運転する」と、イラチ発言が出るかと、気は焦るばかり。あいにく持ち合わせの痛み止めはなく、できることといえば、深呼吸しか思い浮かびません。ひたすら繰り返して、痛みが引いてくるのを待つことにしました。

そうこうしていると、いつも帰宅許可が下り次第、飛び出さんばかりに病室をあとにする患者が、この日に限って、いつまでたっても、病室を去る気配がないことを不思議に思われた勤務交代直後の看護師さんが、そっと病室を覗きにきてくださいました。ソファに

座る高倉と、ベッドに横になっている私を交互に見て、「あっ、ちょっとこれは、大丈夫じゃなさそうですねぇ（笑）。どうしましたか」と、気遣ってくださいました。

「はい。情けないことに、今、患者と付き添い（の関係）が逆転してしまって。単なる疲労だと思いますが、胃がむかむかしていて、先ほど吐きました。私が運転しなければなりませんので、落ち着くまで、横にならせてもらっているところです」と、ささやくような声で説明すると、看護師さんは、一度病室を出て再び戻ってこられました。

「特例です。どうぞ、これを飲んでください」と、痛み止めを飲ませてくださいました。薬が効いてきて、ベッドからようやく起き上がれるようになったときには、すでに二十三時を過ぎていました。

看護師さんが、「遅いので、念のため出口までご一緒しますね」と、通用口まで見送りに来てくださいました。ガラスの自動ドアがすっと開くと、「わぁ、もうすっかり風が冷たくなってますね。くれぐれもお気をつけて」と、声をかけてくださいました。優しいお気遣いに目が潤みました。

その晩、駐車スペースに、車はたった一台だけ。所在なくぽつんと取り残された私自身の姿に重なりました。あぁ、情けない。もっと、しっかりしなきゃ。

「すみません。随分、遅くなってしまいました。寒くないですか」と、助手席のドアを開け、高倉を促しました。バッグに納めていたマフラーを、高倉の首元に幾重にも巻き付けていると、「ゆっくりでいいよ」と、慰められました。

「帰ったら、夜食、何か作ってくれる？」

「はい、なんでも」

「……あったかいうどんが、いいかな」

私は運転席側の窓を少し開けて、冷たい風を頬に受けながら車を走らせました。街はすっかり寝静まっていて、紅葉が始まった街路樹の葉がカサカサと触れ合う音に、秋の深まりを教えられました。

自宅での日中、高倉がいつもは床屋さんでしていただくシャンプーを、私が洗面台ですることになりました。床屋さんと同じように、洗面台に顔を埋め、「早くよ」と、心配そうな声。シャンプーを済ませて、ドライヤーで乾かしていると、「上手いもんだね」と一安心。髭剃りは、万が一にも切り傷を負わないように電動に切り替えて。

病室に戻りたくないと辛さを零さないようにしているのが、痛いほどわかるだけに、身体を拭いたり爪を整えたり、体にあまり負荷をかけ過ぎないよう気をつけて、できるだけ居心地良く過ごしてもらおうとしました。

足の浮腫みに効果的だったのは、フットバスでした。その後は、アロマオイルを使ったマッサージ。気分を変えるため、いろいろな香りを試したところ、ザクロの香りを特に気に入ってくれました。

横になっている時間が少しずつ長くなり、予想以上に脚の筋力低下が心配になりました。特に階段の上り下りのときは、バランスを崩さないよう細心の注意を払いました。

風は秋色。

日が暮れると、秋の虫が競うように鳴き声を聞かせてくれるようになりました。

野鳥の声が心地よく聞こえる日中、家中の窓を開け放つと、

「いい風！　ハワイを思い出すね。昔、もうとにかく寝る間もないほど忙しい頃、作品撮り終えるたびに、すぐにハワイに行って身体を焼いてた。風が気持ちいいところに行きたくて。でも、何てことない。疲れ過ぎてるもんだから、ビーチに寝ころがって安心したとたん、寝込んじゃってる。肌焦がしただけで、また日本に戻る（笑）。その繰り返しだった」

と、家で一番のお気に入りの場所、リビングのデセデの革のアームチェアに座って、楽し

気に話してくれました。

新作映画ソフトを見始めると、うたた寝が始まりました。この時期、自宅で安心して、心地よい風を感じてひと寝入り。夜間の睡眠不足解消にも、ぴったりでした。

寛解から一転、抗癌剤を含めた緩和治療が再開されたため、高倉は次回作として予定されていた映画『風に吹かれて』のクランクイン延期を申し入れるお便りを出しました。二日後、映画会社責任者から高倉の携帯に届いたメッセージには、「みんなで待っています」とありました。

或る時、高倉はそれまでの話と脈絡なく、「これね」と手の指で印を結び、故天台宗北嶺大行満大阿闍梨酒井雄哉《ゆうさい》様に、昔教えて戴いたという指の組み方を覚えておいて欲しいと言いました。

「こうですね」と、丁寧に繰り返し教わりました。

「いいか、こうすると、簡単にほどけないんだよ」と。

その手印の型は、十五年くらい前にも見たことがありました。

「お滝（行を）受けるとき経を唱えるのは、呼吸を忘れないためなんだ。滝の勢いと冷たさで、ふっと息を止めちゃうからね。そうすると気絶。だから、しっかり気を保つために、こうやって手の印を結んで経を唱えるの。わかった？」

その手印は、〝臨〟。

心と身体の強さを示すものでした。

二十六日。高倉は昼過ぎからトム・ハンクス主演映画『キャプテン・フィリップス』を見始めました。監督ポール・グリーングラスは、『ボーン・スプレマシー』や、『グリーン・ゾーン』などのヒット作で知られています。

「これまでの（グリーングラス監督作品）は、アクションシーンが長過ぎるって感じたけど、今回のは、リアルだったね。海賊（役）が上手いと、主役はより引き立つんだ。貴、また新しいの（ソフト）何か買っておいてね」と、とても刺激を受けたようでした。

この日、リビングルームには、夕陽がゆったりと差し込んできて、部屋中をオレンジの光で満たしてくれました。こうして家で過ごせる時間、不安なく自由に寛げる時間が、少しでも長くあって欲しいと心から願いました。

夕陽を見つめていた高倉の目に、うっすら光るものが……。

十月最終週は、体重が六〇kgを再び下回り、時折起きる手の震えが新たな気がかりとなりました。

コラム③

文化勲章の感慨

「僕は、映画俳優をやってなかったら、何してただろう」

自宅でのDVD再生リピート率NO．1、スティーブ・マックイーン主演映画『ブリット』を観終わってからの一言でした。

時代を超えて国境を越えて、色褪せることなく観る者を引き付ける映画の魅力。高倉自身がその魅力に嵌《はま》り、晩年、自分の生業に誇りを感じているからこその言葉に思えました。

「東映やめるとき、もしかしたら、これで俳優の仕事はできなくなるかもしれないって思った。まぁ、出来の悪いなりに一生俳優仕事したつもりでいたんだけど、（会社を）辞めますって伝えに行ったとき、まったく引き留められなかったからね……。

俳優は、待つ仕事。現場でも、仕事の依頼も。いくら、仕事くださいって叫んだところで、キャスティングされなきゃどうにもならない。会社でてみなきゃわからないけど、不安じゃなかったっていったら嘘になるね。ただあの時代、いくらなんでも同じもんばっかり（映画館に）

かけてたら、太鼓叩いたって来やしない。（辞める）時期だったと思うよ。それで、フリーになったら、『君よ憤怒《ふんど》（の河を渉れ）』、『八甲田山』と『（幸福の）黄色いハンカチ』の（出演）依頼がきた。『君よ憤怒』は、『新幹線大爆破』で一緒だった佐藤純彌監督だったから気心しれてたけど、森谷（司郎監督）と、山田（洋次監督）さんは、まったく想像もしてなかった監督たち。現場でいつもの顔（スタッフ）が誰一人見えないってなったとき、あぁ、外海《そとうみ》に出たぞってしみじみ思った。

それでも、『八甲田山』（東宝）のときは、『旦那《だんな》（高倉が東映京都撮影所スタッフから呼ばれていた愛称）一人で、そんなとこ行かせるわけにいかへん』って、護《まも》ちゃん（東映京都衣装部森護さん）だけ、雪山での撮影の一年目に、現場に就いてくれた。でも、護は東映の社員で、違う会社の作品なんだから、勝手に来ちゃダメなんだよって言ったけど（笑）。この時は、気をもらっちゃったなってありがたかった。

初めて経験する外海、とにかく〝負けるかこの野郎〟で乗り切った。

フリーになる前は、全く縁がなかった賞（日本アカデミー賞最優秀主演男優賞ほか十一の賞を受賞）までいただいて、つくづく、運が良かったたって思ったね」

この話の通り、高倉は向かい風のなか歩みを進めた人なのです。

一九七六年、高倉四十五歳にして東映退社。

この時の決意が、訓十五ヶ条として、使い込んだエルメスのアドレス帳の一ページに、力強く書き留められています。

訓

1. Ｃｏｏｌになれ！
2. 俺についてこい。
3. 一度黒い腹を見せた奴は許すな！
4. 平等の精神。
5. 責任者になるな。印鑑を押すな。
6. マフィアの様にドライに！　或る時は。
7. 外資銀行借入れが有利。
8. 人事権の確保。
9. ミスした人間への責任はっきり！
10. 将来によって現在を規定する。
11. 何時も笑って死ねる様に！
12. 人生ＧＡＭＥ．Cool．情熱、ファイト。
13. 十年先の計画を立てて！
14. 品行悪くとも品性を保て！
15. どんな役をやっても人間性の悪い役をやるな。

高倉の生涯出演作は二百五本。フリーとなってからの三十八年間での出演作は、わずか二十二本でした。

二〇一二年、高倉に文化勲章の打診がありました。

長年の映画への貢献が認められたということでした。

お受けするか、お断りすべきか。高倉は、真剣に悩みました。

その理由は、「僕より先に、受章すべき人たちがいたから」というのです。故人となられておられる先達の俳優さんの名前を挙げ、お返事を保留しました。

その間、私はいつもの資料整理のなかで、一九九四年十一月の雑誌「月刊プレイボーイ」のインタビュー記事を見つけました。

「（抜粋）いい俳優って定義がよくわからないんですが、今、ぼくの頭の中にあるのは、その職業のクラスをアップさせた人ですね。あいつがいるから、って引き上げた人は、やっぱりその道で優れている人なんだろうと思います。それは他の分野、政治家にしても学者にしても同じですね。一流と呼ばれるのはあるランク、格を、その人が生きたことで引き上げる、そういう仕事を残したという事じゃないでしょうか」と。

高倉に見せると、

「僕は、この道で食っていけるかもしれないって思えたとき、刺青入れたものばかりで、似たような脚本が続いてて、ヤクザ俳優って言われて、何よりお母さんが刺青嫌がったのが切なかった……。ここまで、映画にこだわって仕事を続けてこられたのは、神様が見ててくれたんだろうか。ご加護だね。僕が頂くことで、次の世代に俳優も悪くないぞって、夢を繋げられるかもしれないんだったら、お受けすべきなのかもしれないね。お母さん、喜んでくれるかな」と。

二〇一三年十一月三日、文化の日。

高倉は、文化勲章親授式に臨み、

「二百何本という膨大な本数をやらせていただきましたけれども、ほとんどは前科者をやりました。そういう役が多かったのにこんな勲章をいただいて、一生懸命やっているとちゃんと見ていてもらえるんだなと素直に思いました。文化のために何をしたのかなという反省も大きくありますが、日本のたった五人しか選ばれない一人に、映画俳優をやっていて選ばれたということが、とっても嬉しかったです」と語り、あまりに率直な物言いが話題となりました。

高倉が偶然背負うことになった映画俳優という生業のクラスを、少し引き上げることができたのかもしれません。

「僕は、神様じゃないから、何でもかんでもいいよいいよでやり過ごしてきたわけじゃない。感情がめちゃくちゃ激しいのを自覚してるし、許せないことは、今だって許しちゃない。ただ、自分に正直にっていう生き方は貫いてこられたと思う」

地に足をつけて、心躍る感動を忘れないで生きること。
高倉が晩年こだわったのは、〝生き方が映る〟という信念でした。

第五章

山眠る

「慌てるな、あ・わ・て・る……な……」

十一月～永眠

十一月一日、予定されている定期検査のため、病院へ向かう準備を始めていると、

「今日……、病院行かなくてもいいかな……、足に力が入らない……」と、自宅のベッド脇に置かれたソファに腰掛けている高倉の呼吸が、普段よりも辛そうなのがわかりました。

両脚の痺れが楽にならないかと、すぐに足温浴のスチームを試したのですが、

「ほとんど変わらない……」。

〝弱った姿は見られたくない！〟という高倉の望み通り、看病のサポートもお願いせず、救急車も呼べず、孤軍奮闘で寄り添っていた私には、この日の症状が今までとは確実に変わったことがわかりました。

これまでの看病で、私自身の体力がいつまで持つかも不安でした。高倉自身で立ち上がれるうちに、病院に伺わなくては。共倒れだけは、避けなければ――。

「いつもより、かなり苦しいですよね」

高倉は、無言のまま微かに頷きました。

私は担当医に電話を入れ、今日は、これまでの状態とまったく違ってきていることを、お伝えしました。

「わかりました。（予定された入室）時間を気にされなくて結構ですので、とにかく病室に入られた方が良いのではないかと思います。ゆっくりで構いません。どうでしょう、病院にいらっしゃれそうですか。様子を見られて、ご無理のようでしたら、改めてご連絡をください」と、仰っていただきました。

しばらく、様子を見ましたが、症状が良くなる気配はありません。そこで、

「（私が）全力で支えますから、病院に行きましょう。ゆっくりでいいですから、車まで行きましょう」と、説得しました。

そして、立ち上がった高倉の左側に寄り添い、左腕を私の肩に回してもらいました。身長一八〇cm、脚の長い高倉です。身長一六五cmの私は、高倉のズボンの腰の辺りをぐっと摑んで引き上げながら、廊下を進み、階段は一段一段「みーぎ、ひだり、みーぎ、ひだり」と、声を掛けながら慎重に下りました。まず二階から一階へ。途中、階段の踊り場で「ちょっと休みたい」と、身体の動きに呼吸が追い付いていかないようすでした。でも、ここでしゃがみ込まれてしまったら、私の力で立ち上がらせることが難しくなるはず。咄嗟の判断で、

「私に身体を預けてください」と、私は、高倉を背負って、立ったまま呼吸を整えてもらうよう励ましました。

階段で少しでもバランスを崩せば、二人とも階段下まで……。考えないようにすればするほど、階段の手摺りを握る右手が力みました。ガレージ階までたどり着き、高倉を、車の助手席に座らせることができました。

「ここで、少し待っていてくださいね」

「わかった」

私も腰を伸ばして「ふーっ」と、思わず長い吐息が漏れました。

担当医に、「病院にお伺いすることができそうです」と一報をいれ、入院覚悟の荷造りを整えました。

前回までの病院の往復では、車の助手席に座った高倉の呼吸が少しでも楽になるように、シートを倒そうとすると「バカヤロー、大丈夫だよ」と断った高倉が、この日は「ありがとう、楽だな」と呟くのです。

「……？」

もしかしたら、今度の入院は長引くかもしれないと直感しました。

そんな思いを断ち切るために、「必ず家に戻りましょうね」と言うと、

「もちろん」と、小さな声がかえってきました。

車を出しました。いつもより、さらに滑らかな運転を心掛けて。

途中、公孫樹《いちょう》の街路樹が目に入り、

「もう、すっかり紅葉してるんですね」

「うん、見えてるよ。……きれいだね」

そして、信号待ちの最中に、高倉の肩の辺りまで毛布を引き上げながら、

「寒くないですか」と、声を掛けました。

いつもなら、信号待ちのときでさえ、私がハンドルから手を放そうものなら、教習所の鬼教官ばりに、「バカヤロー、ハンドルから手を放すんじゃない！」と、大きな声が聞こえたのですが、この日は、「ありがとう、大丈夫だよ」と。

病院の近く、最後の曲がり角で、高倉は帽子を必ず目深に被り直すのですが、この日はその元気はありません。「少し、ずらしますね」という私の手を払わずにいました。

病院の駐車場に入ると、看護師さんがすでにストレッチャーを用意して、待機していてくださいました。これまでの通院では、車から降りてから、車椅子やストレッチャーは一切使わず、歩いて病院内に入っていましたが、このとき初めて、自分からストレッチャーに身を横たえ、顔見知りとなっていた看護師さんには、「ありがとうございます」と、にっ

こり。
無事に、病院に辿り着けた実感に包まれました。

この日から酸素吸入が始まりました。

病室には、よどみない動きで医療用酸素ボンベが運ばれ、ベッドヘッドのボードに酸素流量計が設置されました。その中に、直径３㎜ほどの赤いボール（ボール型フロート）が見えたので、担当の看護師さんに、「このボールはどのように見るのですか」とお伺いすると、「看護学校では、センター・オブ・ボールと教わります。視線を水平にして、この赤いボールの直径部を指示された投与量の目盛りに合わせるんです」と。

〝センター・オブ・ボール〟は、この日から、私のなかで高倉のコンディションを見守る目印となりました。

問題だったのは、酸素の吸入方法でした。

「これ！　鬱陶《うっとう》しい!!」と、高倉が付けた直後に嫌がったのが、鼻腔カニューレ（管）。左右の鼻の孔に酸素吸入口を挿入して、カニューレと呼ばれる管を耳にかけて位置を安定させますが、顔回りの違和感が気になって仕方ないようすでした。少し寝入ったと思いほっとすると、無意識にカニューレを外し、息苦しくなるとまた自分で元の位置に戻す。

その繰り返しでした。

左手の人差し指には、血中酸素濃度を確認するための、パルスオキシメータが取り付けられました。処置に伴なう電子音のあれこれが、私の緊迫感を今までになく高めていきました。


十一月二日。酸素吸入のおかげで、高倉の呼吸は少し楽になったように見えました。

午後、担当医から、「小田さん、今回、お身体の状態が急に悪くなった原因を探るため、いくつか検査をさせていただきたいと思います。具体的には、胸部エックス線写真と頭部CTをチェックしたいと思います。もし、ご気分が悪くなりましたら、遠慮せずすぐにお知らせください」と、お話しいただき、

「先生、わかりました。お願いします」とやり取りがありました。


「検査の結果、頭部CTは硬膜下血腫の悪化などもなく、大きな問題はないと思いますが、肺の腫瘍の大きさは以前と比較して大きくなっています。今回の状態の悪化の原因は肺のリンパ腫の病変によるものと考えます。ただ全体的な状況を考えると、積極的な治療は難しいと考えますので、熱を下げるお薬など症状を緩和する処置を続けながら様子を見させ

ていただきます。何かありましたら、いままで通り何でもおっしゃってください」

「先生、よろしくお願いします」と高倉。

こうして緩和治療が続けられました。


十一月三日、「テレビ点けて」という高倉のリクエストで、NHKのお昼のニュースを見ていると、皇居での文化勲章授章式の様子が映し出され、

「一年前、あそこにいたんだよなぁ。映画俳優では僕が初めてだったろ。質問が（僕に）集中しないように、他の方にも振ってくださいって（お願いした）。記念撮影のとき、安倍（晋三・当時首相）さんからは、『健さん、背がお高いんですね』って言われたんだよ（笑）」

と、懐かしそうでした。

「スープ飲みたいな」とのリクエスト。酸素吸入の効果で、少し連続して寝られるようになったおかげで、この日は、温かいオニオンスープを口にできました。

午後は、「何か観るもの持って来てる？」と訊かれたので、刀鍛冶のDVDを、三本まとめて観ました。これは、東映の岡田裕介会長から、〝新作（映画）の企画の参考として、考えているものです。ご覧になったあと、是非ご意見を聞かせてください〟という添状とともに、十月にお送りいただいたものでした。

「刀鍛冶なら、場所移動が少なくてすむよな。（僕の）体調のこと、考えてくれてるんだね。でも、この種のものはドラマとしてより、むしろ、ドキュメンタリーの方がいいんだろうな。多分。まぁ、どこかで裕介と（の作品）も、何か一本しなくちゃね。

そういえば、『あなたへ』（二〇一二年　東宝）のとき、（東宝の）スタジオで撮影があったろ？　わざわざ挨拶しに来てくれたんだよ。忙しいだろうに。スタジオの入口のところで、僕が着くのを待っててくれてたから、『裕介、ここは、敵陣じゃないのか！』って言ったら、『僕は、ここ（東宝）でデビューしたんですよ』って。

『そうだったよな』なんて雑談してたら、抱きついてきてね。

『おい、（僕は）偉くなった奴とは仕事しねえぞ』って言ったら、『自分の身の振り方考えてます。そしたら改めて相談にあがります』って」

岡田会長は、東映作品『動乱』（一九八〇年）のプロデューサーとして、ご縁をいただいていた方でした。

「貴、裕介に返事出そう。これは、自分のもの（企画）じゃありませんって。でも、いずれ、一緒に仕事をしたいと思っていますって。ドラフト作って」と、指示がありました。

十一月は、酸素吸入が欠かせない、病室での日常が続きました。どうしたらこのストレスを和らげられるのか。自宅とまったく同じようにはできないながら、温かなタオルで顔や身体を拭いて、丁寧にローションや保湿クリームを塗りましたが、それでも、踵に皸《あかぎれ》が出来て薄っすら血が滲んでいました。

映画『単騎、千里を走る。』で中国ロケに赴いた時、タイトル通り、日本の俳優として単身撮影に臨んだ高倉。衣装替えのとき、女性スタッフから「高倉様の踵は、女の人よりきちんとお手入れされているのがわかります。ツルツル、スベスベなんですねって、なんだか変なところを見られた気がしたけど、褒めてもらって悪い気はしなかったな。貴、いつもありがとう」と、中国でのエピソードを話して貰ったことが思い出され、いつものケアができずとうとう皸が出来てしまった踵を両手で包み込んで、〝ごめんなさい〟と心の中で呟きました。

「手の痺れがとれない。脚も」と零されたので、時間の許す限り、手足のマッサージを繰り返しました。

自宅にいる間は、乾いたタオルを電子レンジで温めて、高倉の手足に巻き付けられていましたが、病室では、調理用に持ち込んでいた鍋つかみを代用しました。蒸しタオルは冷めてくると却《かえ》って肌から熱を奪い取ってしまうので、コットン製のミトン型の鍋つかみを電子レンジで軽く温めて、マッサージができないもう一方の手に嵌めてもらうのです。ほどよい温もりが長持ちして、「これ、考えたねぇ」と、外れにくさと感触を褒めてもらえました。

冷え切った脚には、乾燥機で軽く温めたバスタオルを巻きつけて、「やるねぇ」と、こちらも満足。


十一月五日、高倉の体調は酸素吸入効果で、少しずつ安定してきました。

十月末に文藝春秋社からご依頼を受けていた、戦後七十年企画として、〝戦後と映画人生について語る〟の聞き書きを、疲れない程度に少しずつ続けていましたが、この日、高倉の気分が良く、改めて再開することができました。

「僕はね、スターでもなんでもない。ましてや、神様でもない。長くやってこられたのは、運が良かったんだ。だけど、こんなに、もがいてきた俳優もめずらしいんじゃない。

映画俳優についてだったよね……。

そう、俳優っていうか、僕たちの子供のころは、旅芸人の一座が町に来てね。興行。炭鉱町だろ。人の賑わいがすごかったから、小さいの（子供）が映画館とか劇場とか、ウロウロしてたって、誰も構っちゃない時代。そんなだから、劇場の裏口なんかに行って、こっそり覗き見したことがあってね。薄暗いなかに、脱ぎっぱなしの着物だとか、履物だとかが散乱してて。何が一番こたえたかって、臭い。饐《す》えた臭い。独特だった。白塗りして鬘《かつら》被って。鬢《びん》付け油の臭い。役者っていうと、その時の臭いを思い出すんだよ。だから、東映のニューフェースでカメラテスト受けるってとき、顔にドーラン塗られたら、今言った子供のころ見てた旅役者の顔とダブったり、臭いを思い出して、涙がぽろーって。身を窶《やつ》したってわかるか？　僕は四人兄妹で、一人だけ大学出させてもらった。しかも東京の（大学）ね。なのに俳優になんかなるのかって、親父にはえらい剣幕で怒鳴られて、勘当。筑豊の炭鉱地帯、遠賀川流域ってところは、川筋《かわすじ》（もん）って言われてとにかく荒っぽい。そんな土地柄で、息子が役者になるなんて、まったく認めてもらえるはずがないわけ。大学出て、企業に就職してベルトコンベヤーシステムになんて乗っかるかって威勢だけは良かったんだけど、養成所に行くだけで金稼げるって言われて、入った東映で滅茶苦茶働かされた。スタッフの組合活動とかもあって、撮影時間が限られたりして。何故か、錦《きん》ちゃん（中村錦之助）とはすごく馬が合って、東映の大川（博）社長の部屋に一緒に行ってくれて、僕のギャラ交渉までしてくれたこともあったね。

いまでも残念なのは、『八甲田山』のあと、森谷（司郎監督）がやりたがってた『無法松の一生』が撮れなかったこと。時期だとか、条件だとかがうまくかみ合わなくて出来なかったんだよね。五十三（歳）で亡くなるなんて、早すぎるよ。ストレスなのかもしれないけど、煙草吸い過ぎ。

映画って、企画されてから無事公開できるってことが奇跡みたいだよ。あまりにも大勢が関わって、大きなお金が動く。一人でも、事故起こしたり、警察沙汰になったらお蔵入り。まぁ、だれだって人間だからね、いろいろあるけど。作品仕上げて、〝生きてるって悪くないな〟なんて勇気を与えられるなんてすごいことだよ。

とにかく、俳優は肉体労働者。体力と、精神力が第一。だから、早く、帰らないと！

まとめてくれて、嬉しいよ。今日は、ずいぶん喋ったね」


七日に、出版社宛に原稿を送ることができました。

「何か食べたいなぁ」と、リクエストがあり、急いでスープを温めましたが、途中で食欲が失せてしまい、残念ながら口にできませんでした。食べる力が、少しずつ衰えてきていました。


この日で、十一月一日の再入院から一週間。高倉の入院は伏せていますから、私は、自宅の庭や家の周りの落ち葉が気になり始めていました。この時期になると、毎日、七〇ℓのゴミ袋で五〜六袋の量になる庭や家の周辺の落ち葉を、そのままにしておくわけにはいかないからです。高倉の症状が安定しているのを確認して、思い切って夜を待って自宅に戻りました。暗がりのなか、できるだけ音が控えめになるように、竹箒をねかしながら精一杯急いで掃き終え、病院に戻りました。

高倉は、撮影の仕事で東京を離れるとき以外は、毎日のように通っていた床屋さんにも伺えていませんでした。

「毛先が伸びると少しクセがでるんですね。クルクルってカールしてますよ(笑)。ほらっ」と、ベッドで横になっている高倉に鏡を手渡しました。

「さっさんとこ(床屋)、行けてないもんな」と。

「佐藤さんに来ていただきましょうか?」と聞いてみましたが、しばらく間があって、「貴が切ってよ」と。

十一月に入ってからの入院では、体調を考えて、水の要らないドライシャンプーを続けていたのですが、気分が良さそうなのを見て、この日はお湯を使えるシャンプー台を、病室に運んでいただくことができました。ベッドに横になったままシャンプーができるので、患者の身体への負担が少なくて済むのです。手早くシャンプーを済ませて、その体勢のまま「少しだけ、切りますね」と、念のため家から持ってきていた髪鋏で、シャッ、シャッとリズムよく髪を切り揃えました。

「早くね。切り過ぎないでよ」と、心配する高倉でしたが、ドライヤーで乾かして鏡を渡すと、「いいんじゃない！　気持ちよかった」と、満足してもらえました。

陽射しが心地よく感じられる日。

病室での他愛もないひとときの笑顔は、何よりの心の支えになりました。


一方で、不満がたまっていたのは、酸素吸入の鼻腔カニューレ。どうにもしっくりしないのです。

「先生、これなんとかなりませんか？」と、毎日、担当医に訴えていました。

「では、小田さん！　いいのがあります」と、この日、ご提案いただいた、鼻と口を覆うマスクは、むしろ圧迫感が強く、話すときにはその都度外さなければなりません。いろいろ話していたい高倉にとっては、むしろイライラを募らせる結果に。私ははっと閃いて、「これならどうですか？」と、酸素マスクを手で摑んで、顔から二㎝程度浮かせるようにしてみました。

「これ、いいよ」と、高倉は大満足。

ということで、私は用事を済ませながら、時間の許す限り酸素マスクを浮き上がらせるよう、高倉のそばにつきっきりとなりました。

センター・オブ・ボールを横目でチェックしながら。


八日。高倉の「お腹がすいた」は聞かれず、朝からずっと目を閉じたままでした。

担当医が、前日の採血の結果を知らせに病室に入られ、「総蛋白とアルブミンが低く、栄養不良ですね。痛みはありませんか。胸のあたりはいかがですか」と。

「はい、痛みは強くありませんが、食欲がいまひとつでないんですね。水も飲み込みにくいです」と高倉。

「そうですか、お薬の量を考えてみます」と担当医が病室を去ると、

「そりゃ、食べられてないもんな、早く帰ろうね」と、高倉が呟きました。

すっかり冷たくなってしまっている指先や足先。血流を促そうと指先や足先を摩っていると、高倉の「帰ろうね」という言葉が、変化しながら頭のなかでループし始めました。

「帰ろうね」、「帰ろうね」、「家に帰ろう」、「帰りたい」、「帰らせてあげたい」、「帰れるだろうか」。

私は、家で寛いでいる高倉の姿が目に浮かんだ途端、泣かない！　と決めていたはずな

のに、ポロポロポロポロポロ。涙が溢れてきて、コントロールできなくなりました。終いには、高倉の頭のマッサージをしていたとき、おでこにポタポタと涙が零れ落ちて。

〝？〟と、気づいた高倉が、うっすら目を開けました。

「おいおい、なんで、貴が泣いてるんだよ。辛いのは、僕なんだよ。家に帰るんだろう？頼むよ。はい、鼻水！」と、ベッドの枕元においてあったティッシュボックスに手をやり、

「あ〜あ、早く拭く！」と、ティッシュペーパーを差し出してくれました。

私は、涙と鼻水で、どうにもならないほどぐしゃぐしゃな顔になりながら、笑顔を取り繕いました。

高倉の身体を温めなくちゃ！

遠くに行かせたくない！

一緒に家に帰らなきゃ！

九日、高倉は薬のせいか、朝からうつらうつらうつらしながらも、

「なぁ、さっき、窓の下に船が浮かんでて、バイオリンとピアノの演奏が聞こえてね……。あっ、夢だったんだね」

「……スタイリストに頼んでた革ジャン、どんどん水洗いして汚しかけて欲しいって伝え

ておいてくれる」

　と、夢の中でも、スタイリングを気遣っていました。

　病室に様子を見に来てくださった担当医に、

「先生、今日は寝たり起きたり、夢と現実を行き来しながらずっと旅をしているみたいです。いままで初めてです。世に言う走馬灯というものでしょうか……」

「僕らがいうところの、せん妄なんじゃないかと思います。薬の影響で眠りのリズムが狂ってしまって昼夜逆転してしまうことや、入院という環境の変化などでも起こります。まずは見守っていてください。もし点滴を抜くなどの治療に支障をきたすような行動などが見られれば、都度対応します」

　高倉はそのあとも、

「……（小林）亜星《あせい》さんは親切だったな。ドイツ料理の店に誘われたんだけど、亜星さんホワイトアスパラガスが好きで、季節になると必ず『健さん行きましょうよ』って」

「……僕は、仲代（達矢）とは仕事してないよね。勝（新太郎）ちゃんだよね『無宿《やどなし》』は。……『八甲田山』（の話）持ってきたのは、……誰だったっけ？」など。

　映画の話を続けていました。

日が暮れるころになると、「冷たいお茶が飲みたい」「ソーダが飲みたい」と、次々と飲み物のリクエストが増えました。普段、冷たい飲み物を一切欲しがらないのに？「冷たいものがいいんですか？」と聞き返すと、

「今、そのことで、議論したくない!!! いいから飲ませて！」と、珍しく強い口調でした。

「はい、わかりました！」

あっ、高倉の身体が、変わり始めた……。グズグズしているわけにはいかない。とにかく、病院内のコンビニエンスストアに買いに走りました。

病院の建物の端から端。

一度、二度。

ナースステーションの前を通るたび、看護師の方々が「大丈夫ですか」と、小さく声をかけてくださいました。私は頷きながら、「はい。ありがとうございます」と、返事をして、足早にカウンター前を通り過ぎること、三度目。

大きなガラス窓の外は、真っ暗。階段を下りて、渡り廊下をよろよろと歩き、ひと気のない暗がりに置かれた患者用の待合の長椅子の端に、ついに座り込んでしまいました。

涙で……、

前が、見えない……。

思わず、嗚咽が漏れました。

震えている両手を、胸の前で抱き留めました。

…………。

……逝ってし・ま・う……。

持っていたハンカチで、声を押しとどめ。

一分。

二分……。

もう一人の私が、早く病室に戻れ！と叫んでいました。

それほどに、高倉の変化は急だったのです。

三度目のリクエスト、コカ・コーラを買って病室に戻り、コップに移し替えてストローをさして、高倉を抱き起しました。

「どうぞ、コーラですよ。飲めますか」と。

ストローに口をつけることはできましたが、吸い込む力はありませんでした。

このあとも、酸素マスクを嫌がる高倉のために、担当の看護師さんと相談しながら、点滴の架台に竿を渡すようにして、顔に当たらない位置に酸素マスクを吊るし、教えていただいた酸素流量計のセンター・オブ・ボールに注意を払いながら、ベッドの傍らで見守りました。

苦しまないで……。

帰宅されていた担当医も、深夜、病院に戻ってくださり、

「肺の病変のせいで呼吸状態が悪化しています。呼吸が苦しい状況が強くなるようであれば、モルヒネを使い呼吸の苦しさを取りたいと思いますが、投与量が増えれば、意識レベルが低下して会話はできなくなります。最後まで、慎重に様子を見ますがご了解ください」と、丁寧な説明がありました。

「はい」とだけ申し上げるのが、精いっぱいでした。

日付が十日に変わったころ、血中酸素の値に注意が必要となりました。

高倉の顔に当たらぬように、酸素マスクを鼻と口の辺りにできるだけ近づけて浮かせて持ち、もう片方の手で胸を摩り続けました。

「楽だなぁ」

そう言ってもらえるだけで嬉しかった。

「手伝いますね」と、この時の担当の看護師さんがご一緒に摩って下さいました。

しばらくして、担当医が病室に入られ、「小田さんの今の状況を見る限りはモルヒネの投与は不要で、ご自身の力で逝けます。僕たちは、ナースステーションで数値をチェックしていますから」と、看護師さんと病室を離れ、二人きりにしてくださいました。

呼吸が苦しいはずの高倉が、なおも話を続けていました。

「これから、飛行機乗るところ。……今、沖縄、なんだ……」

「わかりました。苦しくないですか」

「……あぁ、水をゴクゴク飲みたいなぁ……」

「ここにいますから……」

「……、……」

「……、……」

「もう、話さなくていいですから……」

「……、……、……」

「………、……」

「……」

「それでね……」

最後に聞き取れた言葉は、

「慌てるな、あ・わ・て…る……な……」


二〇一四年十一月十日、三時四十九分、担当医による臨終の告知がありました。

高倉が最も嫌ったチューブに繋がれず、モルヒネが使われることもなく、自分の力で寿命を全うしたのです。

「ご一緒になさいますか」と、担当の看護師さんが、身体を清めることを勧めてくださいました。

入院患者用のリストバンドを外して頂いたとき、

「いつまで、これ着けてたらいいのかなぁ」と、高倉が退院を待ちわびていた時の笑顔が蘇りました。

「手はどうされますか?」と看護師さんにお訊きいただいたので、迷いなく阿闍梨様からのお教え、臨（手印）としました。


つい先ほどまで、二人でいた病室。

すべての電子機器の電源が落とされると、病室では味わったことのない物静けさと孤独感に、自分の呼吸音さえ吸い取られていくようでした。


夜明けまでの数時間、病室を冷凍庫のようにして高倉の安らかな顔に見入りました。

思い出すのは、笑い声や笑顔ばかり。

家では、おどけて死んだふりが好きだった高倉。ソファに横になり、手足をあらぬ方向に突き出して、目を剝いている。私が面白がってそのまましばらく放っておくと、

「早く、見つけろよ」と、笑って自爆。

そんなことを思い出しながら、

「今日は、もう死んだふりはしなくていいですから、目を開けてくれませ・ん・か……」

と、話しかけました。

どんなに待っても、もう返事がないことはわかっています。

でも頰には、まだ温もりが残ったまま。

「僕がいなくなると、寂しくなるよ」は、悔しいけれど本当でした。

独りになってしまいました。

堪らなく、寂しい……。

辛うじて正気らしきものを保てたのは、まだ高倉の気配を受けとめていられたからです。

一週間という予定で病院を訪れた四月から、七ヶ月。

高倉健という鎧が解かれ、本名の小田剛一《おだごういち》に戻りました。


六時十二分、日の出。

斯《か》くも清らかな朝焼け。

光の調べが、病室の白い壁をゆっくりと金色に染めていきました。

繭《まゆ》に包み込まれているような安堵感のなかで、高倉の美しい横顔に手を添えて、ささやきました。


「剛《ごう》さま、私はお役に立てたでしょうか。

お迎えにきた天使に『あなたが一番好きなものは？』と尋ねられましたか？

何て答えたのですか。

もう、苦しくないですね。

一緒に、おうちに帰りましょう」

陽が高くなってくると、窓の外から、近くのフットサル場で無心にボールを追いかけている子供たちの熱気が聞こえてきました。

生気溢れる子供たちの声と、声なき亡骸の間《はざま》を漂いながら、ふと窓越しの鈴懸《すずかけ》の葉に目をやると、照紅葉《てりもみじ》というにふさわしい黄金色に揺れていました。

澄んだ青空、ゆったり流れる白し秋の風。

ようやく、目の前に彩りが戻りました。


〝コン…、コン…〟。

病室の扉がノックされました。とても慎み深く、優しいものでした。お世話になった看護師長が「少し、よろしいですか」と、お悔みを伝えに来てくださったのです。私は、「お蔭様で、本人が望んだように、旅立たせることができたのではないかと思います。皆様のおかげです。付き添いのことや、お部屋の模様替えなど、いろいろとわがままを申し上げましたのに、ご許可いただき感謝いたします。今日でお暇《いとま》いたします。どうもありがとうございました」と、短いご挨拶を交わしました。

「よく、頑張られましたね」という労《ねぎら》いの言葉に、胸が熱くなりました。

休む間もなく、病室の片づけに追われていると、高倉の旅立ちを知り、担当してくださっていた看護師さん方が、交代時間を見計らい次々にお別れに訪れ、

「本当に、穏やかなお顔……。わたしたちには、患者さんの最期（の状態）がわかるんです。毎日のことですから」と、手を合わせて下さいました。


日が暮れ、街が静かになるのを待って、車で病院を後にしました。

ご担当いただいた先生、看護師さんが玄関の外に並んで黙礼してくださったお姿に、心からの感謝がこみ上げてきました。

自宅までの帰り道、高倉ゆかりの場所をルートに加えていただき、見慣れている街並を通る最後のドライブができました。

秋の終わり、主の声なき家は、冷たい空気にすっぽりと包まれていましたが、安置した亡骸のお顔はほっとしたように見えました。

一部屋ごとに、明かりを点けていきました。すると、不眠続きで朦朧《もうろう》としていたものの、視界にはいった一階キッチンの壁掛け時計に違和感を覚えたのです。

「えっ？　三時台⁉」

最後の入院前、電池交換をしたばかりなのに……。

不思議に思いながら、自分の身支度を整えるため、二階の洗面室に入りました。いつものように、ふと、飾り棚に置かれていた電波式の腕時計に目をやると、

三時四十三分。


止まっていた針が示していたのは、紛れもなく高倉の最期の刻でした。

この時計は、高倉が外出前、腕時計の時刻合わせに使っていたまさに相棒なる存在。自ら終止符を打ちにきた高倉のエネルギーの強さに、私は、天翔《あまがけ》り（人の魂が、空を飛ぶこと）を思わないではいられませんでした。

「我が往く道は精進にして、忍びて終わり悔いなし」

高倉健は、座右の銘の如く、自らその終わりを告げて旅立っていったのです。

Wristwatch Stand

面影に立つ　あとがきにかえて

二〇一四年十一月十八日正午、高倉の訃報が公表されました。

〝映画俳優　高倉健は、次回作準備中、体調不良により入院、治療を続けておりましたが、容体急変にて十一月十日午前三時四十九分　都内の病院にて旅立ちました。

生ききった安らかな笑顔でございました。

病名　悪性リンパ腫

「我が往く道は精進にして、忍びて終わり悔いなし」

八十三歳の命を全う致しました。

（中略）

合掌〟

高倉他界後八日目の公表となりましたのは、継続中の仕事先関係者の皆さまへ挨拶に伺い、ご了解をいただけたからでした。

私もそれまで気合いで乗り切っていましたが、体調を案じてくださった医師から入院を勧められ、この日、病院に向かうことにしました。タクシーに乗り、行く先を告げると「ピッピッピッ、ピ〜〜ン」と、車中でラジオの音が聞こえ、「十二時をお知らせします」と定時のニュースが始まりました。

「あっ。運転手さん、少しボリュームを上げていただけますか」と、高倉の訃報を知らせる放送を、偶然聞くことができました。準備した原稿が読み上げられたのを聞き終えて、思わず「ふーーっ」と張り詰めていた糸が緩みました。体のあちこちが断線しているような重怠さ。先ず、寝られるようになり、食べられるようになって、呼吸を取り戻したいと、病室に入りました。

ところが、長らく闘病していた高倉の寝汗の対処で、細切れ睡眠が習い性となっていた私の体内時計は、簡単にリセットされませんでした。もうこの世に寄り添う人がいないのに、夜中でも一時間半ごとにパッチリ目が覚める、その遣《や》る瀬《せ》無さ。

入院直後の私の血液検査の結果は、栄養失調、貧血、糖尿病の気あり。

看取りまでの病院での十日間、付き添いの私が口にできていたのは、水の他に、主にドーナツと牛乳、ときどきバナナ。深夜駆け込んでいた商品補充前の病院内のコンビニエンスストアで、買うことができた繋ぎ食。

「座って召し上がったら」と看護師さんに促されましたが、高倉から目の離せない状態が続いていて、「一日、座ったら、寝入ってしまいそうで」と、細切れ時間に何とか口に押し込んでいたので、検査結果に驚きはありませんでした。

入院中も、外出許可をいただいて、日中、事務手続きに行きました。あれもこれも、待ってはくれません。衰えた筋力が気になって移動は努めて歩きましたが、何故か、真っ直ぐに歩けません。歩道から車道に外れていくスリリングな体験や、横断歩道では、緑ライトが点灯している間に渡りきれない……。

事務手続きで自書が必要な書類を前に、体調不良で手が震え、書かれた文字は蚯蚓《みみず》書き。ペンを持つ右手に左手を添えて、何とか文字らしきものにしていきました。

退院後しばらくしてから受けた健康診断で、当時五十一歳にして、肺の機能は七十歳代前半と判定されました。不甲斐なさと心細さに、凹みました。

すると、お世話になった先生が、こんな言葉をかけてくださいました。

「今の状態は、あくまで症状です。病気ではありません。もともとお元気なのですから、丁寧にケアすれば元に戻せるでしょう。とにかく、焦らないでください。ここまで体力が落ち込んだ時間分、もしくはその倍の時間をかける気持ちでいらしてください」と。

〝ゆったり〟〝ゆったり〟を呪文のように唱えながら、一日置きに鍼治療を受け、手続きを進めていきました。

「寝ないともちませんよ」と、先生にご心配いただいた睡眠障害ですが、処方薬に頼らないことにしました。どんなに時間がかかっても、自分の免疫力を呼び覚まそうと思ったのです。


〝十分に悲しめないときに、人は鬱になる〟 ~フロイト

高倉が他界して四ヶ月目に入った或る日、急な発熱と、喉の奥の方からこみ上げる咳が止まらなくなり、深夜近く、仕事先から帰宅途中に病院の緊急外来に駆け込みました。胸部エックス線写真の結果、肺炎一歩手前と診断されましたが、胸と背中の筋肉痛用に湿布薬を処方され帰され、そのまま数日間、寝込みました。

食は相変わらず細く、睡眠も不安定。〝泣くこと〟を置き去りにして突っ走り、いよいよ体の奥深いところから、急ブレーキが掛けられたのだと気づかされました。

次は、無気力に身体を蝕まれていきました。体を起こす気力さえおこりません。天井を

見つめたまま。声にならない「助けて……」が、吹き出しのようにぽかぽかと浮かびました。

そんなとき、私の状態を知る由もない友人から、携帯にメールが入りました。

「『ぼくがここにいるよ
勇気の花がひらくとき
ぼくが空をとんでいくから
きっと君を助けるから』
アンパンマンの『勇気の花がひらくとき』（という歌詞）です。今の貴月さんに、きっとぴったりだと思って。高倉さんは見てますよ」と、アンパンマンの絵にメッセージが添えられていました。

「ぼくが、空を、とんでいくから、
きっと、君を、助け、る、から……、
……………、
お願いだから……、
助けに、来て、アンパン・マン……

『勇気の花がひらくとき』
作詞：やなせたかし　作曲：いずみたく

おいてけぼりは、つらすぎる……」と声に出したとたん、両目から熱いものが一気に噴き出して、天井にアンパンマンと高倉が重なって見えました。体中の水分が絞り出されるのかと思うほど泣けて、泣けて、泣けて。頭が酷く痛くなって。それが、生きている手応えとなりました。

体調が落ち着いてきてから、書類整理を再開しました。

その中には、高倉が長期の撮影で家を離れるとき、「貴、書類（婚姻届）貰って来ておいて」と頼まれ、高倉が自書のサインと日付を書き入れた届出用紙も出てきました。

「（僕に）何かあったら、これを（出しなさいね）」と託されたものです。毎回、無事に帰宅できたので、提出されないまま枚数が増えていました。高倉の身に何事かあったとして、死者の書類が有効でないことは百も承知です。何時も笑って死ねる様に！という、悔いのないよう全力で仕事に向かうための高倉の熱量、それだけで十分でした。

衣装部屋は、お洒落な高倉が日々コーディネートを巡らして、楽しげな記憶の断片が集まっている場所。切なくて、なかなか足を踏み入れられませんでしたが、〝高倉の香り〟

を、胸いっぱいに吸い込むと、空海のこの言葉が浮かびました。
身與花落
心将香飛
肉体は華が散るように消え落ちるけれども
心魂は香が空中を漂うように空に向かって飛んで行く

こうして、鬱とも向き合い、寂しさと笑顔を行き逢わせながら日々を送りました。

高倉が亡くなってから、まもなく一年となる或る秋の日。

明るい空色が広がる早朝、車を運転して羽田空港に向かう途中、幹線道路の立体交差を上っていくと、前方の十階建てほどのビルとビルの間に、コッペパンのような白い雲がふんわり浮かんでいました。

何気なく視界に入っただったのですが、

♪おかをこえゆこうよ　くちぶえふきつつ……

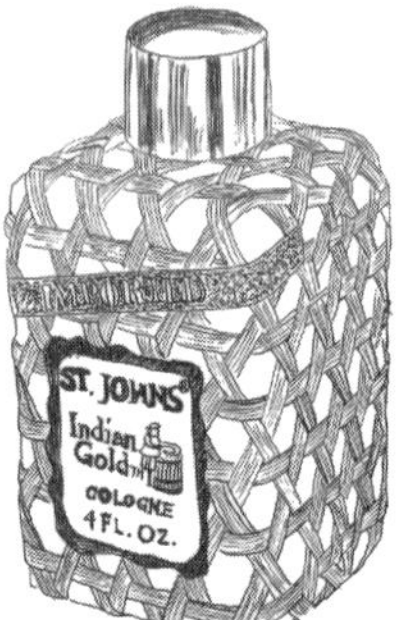

と、思わず「ピクニック」の歌詞が口をついて出てきました。

♫そらはすみあおぞら　まきばをさして〜
うたおう、ほがらに、ともにてをとり、ランラララ　ララ　ララ……、

声が、少しずつ大きくなり、

♫ラランララ　あひるさん　ガアガア
ラランララ　やぎさんも　メエメエ
ララ　うたごえあわせよ　あしなみそろえよ
きょうは　ゆかいだ〜〜〜

頭はどんどん、空っぽに。

♪きょうは　ゆかいだ〜〜〜

歌い終わると、涙がひとすじ。

体中を、陽の気が駆け巡った不思議な体験でした。

『ピクニック』
訳詞：萩原英一

二〇一九年秋、前作『高倉健、その愛。』出版のとき、さまざまなメディアで取り上げていただき、中には「高倉さんのどこが好きだったのですか？」と訊かれました。

面影に立てば、

流行りのスタイルを真似るのではなく独自の洒落感を楽しもうとしたところ、
少年のように純粋一途なところ、
好奇心旺盛なところ、
抜群な記憶力で良くも悪くもすべて覚えているところ、
半端なく律儀なところ、
信心深く感謝を忘れないところ、
肩書で判断せず、相手の真心を汲もうとするところ、
その場を凍り付かせるエネルギーを発しながら沈黙を貫くところ、
もう勘弁してくださいというほどイラチなところ、
疲れ知らずの饒舌なところ。
無邪気な笑顔と魅力的な声。
歯をくいしばりながら、昭和、平成、令和という時代の風雪を乗り越えた美しさ。
私の命に換えても守りたかった人……。
私は、「何も彼も」とお答えしました。
「何を捨てたかで、人生は変わる」

高倉は、幼いころから芸事に通じていたわけではなく、俳優の研修期間を終える前に主演デビューした未熟さを補おうと、演じる役柄や世界観を糧として、五十八年間のキャリアを積み上げました。

高倉健が、〝健さん〟と呼ばれ愛されるきっかけとなった任俠映画の代表作の一つ『日本俠客伝　花と龍』（一九六九年）の台詞に、

「親分さん、あんたヤクザでっしょ。俺はヤクザっちゅうのは、弱いもんを助けて、強きもんを挫く、よか男と聞いとりましたけんど、九州若松のヤクザっちゅうのは、ゴンゾウ甚振《いたぶ》るんが商売ですか」とあるように、北九州川筋の弱気を助け強きを挫く男のイメージを三十歳半ばを過ぎて生身の高倉が背負い、東映から独立後、代表作の一つとなった『八甲田山』（一九七七年）では、三年二冬に亙る過酷な撮影を「負けるかこの野郎」と、持ち前の反骨心で乗り切りました。

二〇〇一年公開の映画『ホタル』のプロモーションで、映画を観終えた学生さんから、「俳優をやってこられてよかったことはなんですか」という質問に、「役者をやっていてよかったと思うことは殆どありません。たまに自分は運がいいと思うことはありますが。俳優というのは、失うものも多い、辛い仕事です」と答えていました。

最晩年、映画俳優高倉健が意識したのは、被写体として恥じない身体作りと、良識や倫理観に磨きをかけて、俳優という職業の地位を少しでも引き上げようと努力し続けたことです。

海外の方との交流を大切にして、異なる文化習慣に敬意を払い学びました。

共感していた歌の一つに、中国清代の高官、林則徐《りんそくじょ》が詠んだこの七言絶句があります。

天山万笏聳瓊瑶　　天山の万笏《ばんこつ》聳えること瓊瑶《けいよう》

導我西行伴寂寥　　我西方に導くに寂寥《せきりょう》を伴なえり

我与山霊相対笑　　我と山霊《さんれい》と相対して笑う

満頭晴雪共難消　　満頭の晴雪《せいせつ》共に消え難し

天山山脈の切り立った山々は、無数の笏を並べたように美玉のごとく聳え立っていて、私の西方への流謫《るたく》（島流し）を寂寥とともに導いてくれている。私と山の霊は互いに笑い合う。山の雪も私の頭の白髪（雪）も、ともに消すことは出来ないと。

林則徐は、若くして才を認められながら、時の政府の変節により、都を遠く離れた新疆《しんきょう》ウイグル自治区に追放されるのですが、孤独な胸中、人生の不条理をもあるがままに受け入れ、悠然と佇む自然に導かれ生き抜こうとする覚悟が胸に迫ってきます。

「我と山霊と相対して笑う（われとさんれいとあいたいしてわらう）
満頭の晴雪共に消え難し（まんとうのせいせつともにきえがたし）」

高倉は、言霊のようにしてこの歌を諳《そら》んじました。我が身の来し方を重ね合わせていた姿。今更ながら、あの声の主が愛おしくてなりません。

前著に積み残してしまった高倉の命の見つめ方を改めて綴りませんかと、ご提案をくださいました文藝春秋向坊健さんが、この企画進行中に執行役員（宣伝プロモーション局長）になられたため、新たに編集の任を引き継いでくださったノンフィクション出版部の桒名《くわな》ひとみさんは三十代。世代の異なる同性として率直な投げかけをいただきながら、伴走を始めてくださいました。一緒に着地点を見出していく過程は、新鮮で充実していました。

医療監修をお引き受けくださいました菊池拓先生、漢文翻訳にお力添え賜りました名児耶明先生、中村伸夫先生、データ作成にご協力いただいた鈴木謙一さん、紙の手触りへのこだわりに、快く適切なアドバイスをくださいました資材製作部の山口麻紀さん、温かく見守ってくださったノンフィクション出版部部長の吉地真さん。ご担当いただきましたデザイン部の大久保明子さんには、前著に引き続き、細部にわたり温かなエッセンスを鏤《ちりば》めていただきました。

一冊の本が仕上がるまで、素晴らしいチームとともに時を味わうことができました。どうもありがとうございました。

高倉の入院時、多くの医療従事者の方々に大変お世話になりました。命に寄り添う緊張感を伴いながらも、皆さまのサポートのおかげで、後悔なく最期を見届けることが叶いました。

この場をお借りして、心から感謝申し上げたいと存じます。

忘れません。

旅立った高倉に、宇宙《そら》から見守っていて欲しい。名前に〝月〟を寄り添わせ貴月（たか）として、高倉プロモーションを引き継ぎました。没後九年となるこれまで、短距離、中距離、そして長距離走のような仕事経験を積むことができました。志同じく、前進できた時間は心強く、在りし日の高倉の姿を生き生きと立ち昇らせることができました。

高倉の仕事は、いつだって全力。
その現場を経験されたスタッフのお一人から、「僕はね、高倉さんに褒めて貰いたかっただけなんですよ」と、打ち明けられたことがありました。

私もいつか高倉に会えたとき、
「よく頑張った！」と、笑顔で褒めて貰いたい。
これからの私の持ち時間を、丁寧に生きたいと思っています。

高倉の面影を、今一度心に留めていただきました読者の皆さま、どうもありがとうございました。

二〇二三年 美景　　小田貴月

高倉健、最後の手記

「高倉健、最後の手記」が掲載された平成二十七年一月号の月刊「文藝春秋」は、平成になってから五度目の増刷となった。他に増刷されたのは平成二年の「昭和天皇独白録」、平成十六年の金原ひとみ『蛇にピアス』と綿矢りさ『蹴りたい背中』の芥川賞同時受賞、平成十九年の「小倉侍従日記　昭和天皇の戦時下の肉声」、平成二十三年の朝吹真理子『きことわ』と西村賢太『苦役列車』の芥川賞同時受賞の四回。高倉健は読者にとって昭和天皇と並ぶほどの存在だったと言えるだろう。（編集部）

諸行無常。

僕が最初にそれを味わったのは、終戦、あの八月十五日。

以前、「八月十五日の会」からの依頼を受けて、「あの日あの時、あなたは、どこで何を考え、何をしていましたか？」その体験談を書かせて戴いたことがある。僕の文章には、ちばてつやさんが画を書いて下さり、以来、戴いたそのコピーをずっと家に飾っている。

〈その日、学徒動員でさせられていた貨車から石炭を降ろす仕事は、何故か休みだった。

同級生に寺の住職の息子がいて、寺の近くの池が、格好の遊び場になっていた。

僕は黒の金吊り（当時の水泳用の褌）を穿いて、久しぶりの休みに、友達五、六人とその池で遊んでいた。昼頃、別の友達が「天皇陛下の放送があるらしいばい」と、僕らを呼びにきた。

全員で寺へ走っていくと、ラジオから雑音だらけの音声が流れていて、大人たちの何人かが泣いていた。僕には、何を云ってるんだか聞き取れなかった。友達が言った。

「日本が戦争に負けたらしいばい」

「えー、降参したとな？」

その後何度となく味わった、人生が変わる一瞬。諸行無常。この時が、初めての経験だったような気がする。

〈八月十五日を十四歳、福岡県遠賀郡香月で迎えました〉

大学を卒業後、東京での職探しは世話になった大学の先生から、ノースウエストや高島屋などの有名企業を幾つか紹介して戴いたが、どうも自分の性格に合うと思えなかった。本当は断る余裕など微塵もないくせに、その時は偉そうに断ってしまった。「それじゃ、好きにしろ！」と、先生に呆れられたが、暫くして美空ひばり、中村錦之助などのスターを抱える新芸プロのマネージャー見習いの口があるといわれ、かつて京橋にあった東映が入っていたビルの地下一階、メトロという喫茶店に面接に行かせて戴いた。

それが、俳優になるきっかけとなった。

僕が喫茶店で面接されていたその時、偶然違うテーブルで打合せをしていた東映のマキノ光雄専務が僕を見て、「あれは誰?」と。そこで翌日、東映東京撮影所に呼ばれたことで、進む道が大きく変わった。採用されたのはマネージャー見習いとしてではなく、第二期東映ニューフェイス、男女十五人採用枠の一人としてだった。当時月給五千円を貰って、俳優座養成所に通うことになった。

学生時代から洋画は好きで観ていたものの、演技経験のないど素人。初日はパントマイムという授業があった。〝パントマイム〟?、言葉すら知らなかった僕にトップバッターの指名。「どうやっていいかわかりません」と真正直に答えると、指導者からのなんでパントマイムも知らない奴がここにいるんだ?という面倒くさそうな表情。その後のバレエも日本舞踊も失笑をかうばかりで話にならず、すべて「見学していて下さい」との指導者からの大きな声がクラスに響いた。

あぁ本当に人生が変わった

恥のかかされ放題。ほどなく、「悪いこと云わないから、止めた方がいい」と、指導の先生から真剣に諭されたが、こっちもようやく見つけた就職先なので、そう簡単に止めるわけにはいかない。仕方なく、毎日毎日笑われるために俳優座に通っていたようなものだったが、ある日、今日の稽古はいいから、東京撮影所に行くように言われた。

デビュー作「電光空手打ち」の主演が決まっていた。

北九州、川筋男の父からは、大学出て俳優か！　と、勘当されていたこともあって、カメラテストでドーランを塗られた時には、あぁ本当に人生が変わったと、ぼろーっと一筋涙が伝った。空手の型の稽古をつけられ、ラブシーンがあって……、稽古ではない本番の撮影に追われる日々。

その後、美空ひばりさんとの共演の機会が度々あり、歯車が違っていたらお嬢のマネージャーだったかもしれないと雑談したことを覚えている。次から次に、会社が決めた様々な役をこなしているうち何年も経っていった。後に、網走番外地シリーズの石井輝男監督との出逢いがあり、昭和残侠伝シリーズのスタートで、僕は少し意見の言える俳優になれた。

二つのシリーズ物はそれまでにない観客の支持を得た。プロデューサーやスタッフから、映画館の扉が閉まらないほど観客が熱狂していると聞かされた。ある日、プロデューサーに連れられ、映画館で自分の作品の上映中、後の扉にそっと近づいたことがある。館内のあまりの熱気に圧倒された。観客が思い思いにスクリーンの僕に向かって叫んでいて、興奮した客が「見えないぞ！」と、立っている客に向かって文句を言う。「何をー！」「うるせー！」と、怒号が飛び交う。今の映画館では、考えられない光景だろう。思えば、映画を通してその場の熱気を楽しんでいた時代なのかもしれない。

プログラムピクチャー全盛時代、多い年には一年十八本の撮影が進められた。スタジオの敷地内に人が溢れ、思い出しても異常な日々。昭和残俠伝などの撮影時、背中の入れ墨が描かれる間は、邪魔されることのない貴重な睡眠時間。スタジオの廊下に無造作に置いてある長椅子が仮眠の寝床。当時、密着で僕を撮り続けていた横尾忠則さんの写真集の一ページに、長椅子で爆睡中の自分の姿が残っている。幸運にも畳の上で横になれた時、籐で編んだ枕をうっかり顔に当てて寝込んでしまったことがあった。セッティングが整ったと無理やり起こされ朦朧としながらスタジオに顔を出すと、監督が僕の頰の片側に網目がしっかり食い込んでいるのを見つけ、傍らにいた結髪さんがこっぴどく怒られた。監督が「熱いタオル、熱いの持ってこい！」と。あたふたしていた結髪さんに、あっつい蒸しタオルをそのまま頬に当てられ、「熱い！　熱い！」。イライラをどこにぶつけていいやら。撮影の遅れは必至だし、寝ぼけているし、熱いし。

三日三晩徹夜続きとなれば、シーンごとに入れ替わる俳優よりも、スタッフがたまらない。スタジオ上部に温かな空気が溜まる照明部のスタッフが、隙を縫ってつい寝込んでしまうことは珍しくなかった。本番中大いびきがしばしば録音され、録音部は本番前に、先ず上に向かって声をかける。「照明さん、いびき気を付けろ！」と。

撮影は、何本か同時進行で似たような筋立てが続いていた。精神的にも肉体的にも、僕は限界だった。

そんなある日、当時助監督で仲の良かった澤井信一郎君が目の前を横切った。「おい、澤井ちゃん！」と声を掛け、そのまま僕の車に乗せてふらっと撮影所を出た。

目的地は特に考えていなかったが、その時は長野の善光寺詣りをして、戸倉温泉の宿にずっと籠っていた。何をするでもない、温泉に浸かったりご飯を食べたり。

僕が撮影に行かなかった翌日から大騒ぎとなった撮影所では、とにかく公開に間に合わせるため、僕抜きのシーンの撮影がドンドン進められたらしい。もちろん、すぐに捜索が開始され、一緒にいることが分かってしまった澤井ちゃんの責任問題になるので、仕方なく撮影所に戻った。

数十日間の孤独なストライキの思い出。

そんな時、テレビのドキュメンタリー番組出演の話がきた。次第に空虚になっていく心身に魔が差したのか、それまでは考えもしなかったテレビ番組の出演を受けることにした。

「お滝を受けてみたい」

僕がいうと、京都のスタッフの伝手《つて》で紹介を受けたのが、比叡山飯室谷長寿院だった。このことが後に、僕に大きな影響を与えて下さった故天台宗北嶺大行満大阿闍梨酒井雄哉さん（以後、阿闍梨さん）との出逢いのきっかけとなった。

最初にお滝の受け入れをして下さったのは、先代箱崎文応大僧正。当時、阿闍梨さんは箱崎大僧正に仕える小坊主だった。

生き仏ともいわれる〝阿闍梨〟とは、壮絶な修行千日回峯行ののち認められる。酒井さんは一九八〇年と一九八七年の二度満行されている。千年をこす比叡山の歴史の中で、二度の満行を成功させたのはたった三人しかいらっしゃらない。

後に、阿闍梨さんが亡くなる少し前に出版された『あなたには幸せになる力がある』（ＰＨＰ研究所刊）という本の中で、〝出会いや縁は、将来どこでつながるかわからない〟というテーマで僕との出逢いのことを書いて下さっている。

「僕も、縁について不思議な体験をしたことがあるんだ。

任俠映画がすきだった僕は、高倉健さんが駆け出しの俳優だった頃から、スクリーンでよく観ていたんだ。ある日、いつの間にか主役を演じている健さんを観て、『頑張ってるなぁ。自分も一生懸命勉強しないとな』と思えて、健さんに励まされているような気持ちになったのを今でも覚えているよ。

それで、僕にできることを毎日コツコツ頑張ったんだ。するとある日、健さんがお寺にフラッといらっしゃったんだよ。たびたび映画を観ることで、健さんを身近に感じてはいたけど、まさかご本人に会える日がくるなんて思ってもいなかったから、本当にびっくりしたよ。

地球上にはたくさんの人がいるけど、出会う人はその中のほんの一部。接点がないと思っていた健さんと出会えたことは、何かの意味があると思ったんだ」

酒井さんが阿闍梨さんになられ長寿院を継がれてからも、不思議な縁は途切れることがなかった。大抵は日帰りだったが、四、五日、泊りがけの時には、一緒に僕の映画を観たり、きつねうどんを食べさせて戴きながら、修行中のお話を伺った。修行中、山道の途中で唸り声とともに出くわした野犬二匹が、やがて阿闍梨さんを先導するかのように一緒に山道を歩くまでになったとか。かといって、最後までついてくることはなく、必ず山のある場所で離れていくのだという。

いつも温和な阿闍梨さんが香を焚き経を唱え始めると、その煙が微動だにせず、真っすぐにひたすらまっすぐに立ち上っていった。その様にただならぬ気を感じた僕は、阿闍梨さんにそのことを伝えると、ご覧になりましたか。というように、ただ静かに頷かれていらした。

「南極物語」という映画のオファーを受け、出演を迷っていた時、阿闍梨さんに戴いた言葉は、「往く道は精進にして、忍びて終わり、悔いなし」。

阿闍梨さんからの最大のエールに思えた。

「南極物語」は、南極、北極に実際に足を運んで撮影した映画史上初めての作品となったが、一人の事故者もなく無事撮り終えられたことが、何より嬉しかった。

異例ずくめだった「八甲田山」

長い俳優人生の中で、自分を変えた一本と問われれば、一九七七年に公開された「八甲田山」。

東映という大きな組織から独立し、「君よ憤怒の河を渉れ」という大映作品出演後の一本。フリーになった時、掛け持ちはしない、〝一本〟に精魂込められる俳優を目指すと決意した。取り組んだその一本の成功がなければ、次のオファーはないと覚悟したからだ。

プロデューサーの橋本忍氏とは都内の喫茶店で初めて会った。「森谷司郎監督が、徳島大尉役を何が何でも高倉さんにやってもらいたがっている、二百名以上の大所帯で雪山での大変な撮影になるけど何とかやって戴けないか？」という依頼だった。

森谷監督とも初めて組むうえに、撮影の過酷さは容易に想像できた。実際には、撮影に協力して下さっていた行軍のプロ集団、自衛隊の方々をして「映画ってこんな大変なんですか」と、呆れられたほどだ。もっともこの映画は異例中の異例ともいえたが。

エピソードには事欠かなかった。

食事は、昼、晩、夜食とも雪の中。定番はカレーライスか、握り飯と豚汁だったが、どちらにしろ飯は凍っていてシャリシャリと音を立てる奇妙な食感。

北大路欣也君の青森歩兵第五連隊組に参加していた俳優四人が脱走。青森駅で捕まり連れ戻されたという。欣也君演じる神田大尉の遺体との対面シーンには、最も緊張感が伴った。撮影前にどうしても用を足しておかなくてはと思い、お借りした便所は、筵暖簾を潜った先にあるせせらぎ。うんこの紙は、紐が通してある家の光という雑誌だった。人工雪崩に使用した火薬量が多く、高額なムービーカメラが使用不能に。

僕が撮影中何より心したのは、極寒の中でいかに集中力を切らさないか。

宿舎から撮影現場までにと用意されたのは、雪上車がたった二台。「健さん、これで現場までどうぞ」と、いわれたものの役の上とはいえ、ほかに大勢の俳優と時間を共有しなければならないのに、僕だけどうして乗ることができよう。結局、宿舎から現場まで、毎日仲間とともに延々歩くことになった。劇中のシーン通り。

通常、カメラ、照明のセッティングに時間がかかるため、俳優は待つ仕事だとも云われるが、見渡す限りの雪原では、待つことさえままならない。その後ハリウッド作品で与えられたトレーラーハウスは、八甲田ではどこにも見当たらなかった。体力消耗が甚だしかったが、僕はその場を離れないことにした。移動すれば、定位置に戻ったあと、足跡が消え、雪が整うあいだに気持ちが萎えてしまう。時には暴風雪待ちもあり、まさに人体実験ゾーンだった。負けるもんか。それだけだった。

一年目の冬の撮影が終わった時、このまま撮影が終わらないのではないかと不安に駆られた僕は、願をかけた。それまで、日に二百本近く吸っていた煙草をきっぱり止めることにした。体力にはそこそこ自信があったものの、改めて身体も鍛え直すことにした。それにしても、二冬、三年に亘って撮影が続くとは……。「八甲田山」の撮影を終えるまではと意固地になっていたお陰で、コマーシャルの仕事さえも断っていた僕は、気に入って所有していた京都三千院近くの土地と、ハワイのマンションを売却せざるを得なくなってい
た。

　ロケ中安宿でのある晩、森谷監督が酔っぱらって、「ちょっと話していい？　健さんは、どうしてそんなに強いの？」と、泣き出したかと思うと、とうとう抱き付いてきた。

　僕はしらふで、「生きるのに必死だからですよ！」と、つい本音が口を衝いた。

　僕は、志があって俳優になった訳ではない。思いもよらない変化をかいくぐりながら、出逢った方々からの想いに応えようと、ひたすらにもがき続けてきた。

「往く道は精進にして、忍びて終わり、悔いなし」

阿闍梨さんが浮かべる満面の笑みとともに、僕に一つの道を示し続けて下さっている。

合掌

スペシャル寄稿

編集部からの10の質問に高倉健自らが筆をとった高倉健一問一答

平成二十五年春号「文藝春秋special」では、「いつまでも美しい人へ」という特集企画の中で、「憧れの『老いて美しき人』ベスト30」というアンケートを行った。全国の六十五歳以上の男女各五百人、計千人から選ばれた男性編・第一位は、高倉健。編集部から寄せられた「老いて美しき人」への10の質問に、高倉健は自ら筆をとった。

質問①

歳を重ねるごとに輝きを増してゆく人、そんな素敵な人に出会いたいという思いから、今回のアンケートを企画しました。「老いて美しき人」という言葉には、若さ＝美、老い＝醜、という世間一般の考え方への異議の思いを込めたつもりです。若さを保っていることがシニアの美しさの必要条件ではない、と。

その男性部門で、高倉さんは第一位に選ばれました。そこで、アンケートの回答を軸に、いろいろお聞きしたいと思います。最初はアンケートのテーマに沿ってお聞きします。若い頃と今とを比較して、いちばん変わったところ、特に、ご自身で、成長したと感じておられるところは、どこでしょうか。

「老いて美しい人」という言葉に、まだそんなじじいじゃねえよという反抗心もあります。

でも、お答えします。

人が一番傷つき易いのは、心だということに気が付いてから、出来るだけ無駄な争いを避けるようになった。それが大人になったということでしょうか。

若い頃、諸行無常を受け入れ難かったけれど、今は前よりは、受け入れられるようになりました。

長い間使えば、トンネルでも傷みます。

最近は、心身ともに丁寧に使っていこうと心がけています。

質問②

アンケートでは、「姿勢もいいし色気があるので素敵だと思います」（70代女性）といった声が多く寄せられました。八十歳を越えても姿勢よく、美しいたたずまいができる秘訣を教えてください。

そうでしょうか。だとしたら子供の頃から、厳しく躾けてくれた亡くなった母に感謝します。

まだまだもてようと思っているから、自分に厳しくできるのかもしれません。

質問③

「老いとともに見合った存在感がある。昔の役柄は任侠ものなどが多かったが、最近の作品では、年齢にあった役柄で憧れる」(60代男性)という声も多くありました。

映画では、その時々でご自身にふさわしいと思われる役柄を選んで出られていると思いますが、その役柄が自分にふさわしいと感じられるのは、どのような時でしょうか。

また、高倉さんは常に新しい役柄や演技に挑戦し続けているように思います。歳を重ねてからファンのイメージを壊すことや、自分の殻を破ることに対する恐れのようなものはないのでしょうか。

映画会社に所属している時とは異なり、独立してからは、イメージを壊す云々というより、役を好きになれないものは、やりません。

全編を通してというより、自分は、琴線に触れる一行、一言の台詞があるかないか。

結構単純なんです。

でも、そんな役にはなかなか出会えない。だから、何年も休みが続くんです。

先人から〝人は獲る餌で顔が変わる〟と云われました。

鋭い言葉だと思います。

質問④

高倉さんのお人柄について、「若い時から映画界で大活躍されて現在に至るが、今の若い俳優の前でも偉ぶらず、渋い演技が素晴らしい」(70代男性)という声がありました。人は立場が上になると態度も自然と大きくなるものですが、そうならないのは、何か心がけておられることがおありなのでしょうか。

最新作『あなたへ』でも、多くの若い俳優さん、女優さんと共演なさっていますが、今の若い人たちをどのように見ておられますか。また、若い世代へ特に伝えたいメッセージなどはおありでしょうか。

心がけているわけではありません。

若い世代を見ていると、安いギャラで厳しいスケジュールで、一生懸命闘っていた自分の若い頃と重なります。

若い時は、特に流れの厳しい状態が続きます。その時、何を見失わないようにするか。自分は、母にだけは、恥をかかせたくないという思いで、辛抱したんだと思います。

俳優デビューして一年目、佐伯清監督の「夕日と拳銃」という映画で初めて北海道ロケに行きました。当時、主演以外の俳優はかまってもらえる立場じゃなかった。洞爺湖温泉の宿はベニア板の壁で、隣の音が筒抜け。北海道から東京に帰る時は、主演者以外は満員列車に押し込まれた。自分は席を確保できたんだけど、先輩の女優さんが立っていらしたので、イイ格好して自分の席を譲りました。そうしたら道中混んでて、結局そのまま立ちっぱなし。青森から上野まで、途中、立ち寝状態で腰がカクン、カクンと抜けて、あの時は流石にしんどかった。当時自分の住んでいたアパートは風呂なし、共同トイレだったから、上野についたら風呂がある撮影所に行こうかなと思っていたら、駅でプロデューサーが待っていて、その場で次回作「大学の石松」の続編台本を渡された。タクシーの中で「衣装は前の学生服でいいから、衣装合わせはなし、悪いけどここで台本読んでくれ」と云われ、そのまま車で撮影所に運ばれたこともあった。

若手の頃はとにかく、金がない。

自分が最初に入った頃の東映は、京都撮影所の時代劇全盛。僕が入った東京撮影所は、お荷物扱いだった。一年に一度、桜の時期に東映館主大会がその京都で開かれるんだけど、初めて東京撮影所から俳優を送り出すことになって、自分が選ばれた。だが、背広にネクタイが条件だって言われたんだけど、着ていくものがありませんと言ったら、東映の大川社長から黒のスーツ、マキノ専務から黒い靴を戴いて撮影所長がツイードの背広を作ってくれた。フォーマル、インフォーマルの両方を初めて揃えることができて、それで京都へ行ったことを覚えています。

「第十三号桟橋」という映画の撮影で十二月の寒い横浜港の夜間ロケがあった時、主演の日高澄子さんだけが、ヒルマン（自家用車）で現場にいらしてた。休憩中、車の中に呼んで戴いて、魔法瓶から熱い〝一杯の紅茶〟をご馳走になりました。この時に先輩の優しさと、自家用車の有難さを知りました。

少し、まとまったギャラが入るようになって、東映東京撮影所の俳優で真っ先に車を買ったのが、僕だった。九万円のアメリカ製オールズモビルの中古。ラジオも時計も外されていて、ワイパーに包帯が巻かれてる。しかも四つドアだけど開くのは二つだけ。それでも、嬉しかった。

当時、東映東京撮影所は、夜間夜間の連続。「本番で〜す。上の照明さん、イビキお気をつけ下さ

〜い」という録音部のアナウンスがカットごとにあった。眠くて仕方がない僕がアップの収録前にカツラ専用の枕で、うっかり頬をつけたまま寝てしまって、ナイロンのパイプの跡が頬にくい込んだことがあった。本番でアップが撮れないと監督が怒鳴りまくって、メイクが慌てて熱い蒸しタオルを頬に当ててにきた。今度は、僕が「アッイ！！！　コノヤロー！！！！！」と、怒鳴りまくって、不思議な戦場だったことがあった。

その東京撮影所に、何十年振りに「鉄道員《ぽっぽや》」の撮影で訪れ、門を通ったとき、涙が流れた。

どうしてか、わからないけど……。

そんな戦場の光景を今は懐かしく感じているんでしょうね。

若い頃の自分を思い出すから、よけい弱い立場の人に威張るのは、恥ずかしい奴のすることだと思っています。

若い世代には、〝今の辛抱が大切なんだよ〟と心の中で励ましたい。

質問⑤

プライベートを少しお聞きします。

二〇一二年にスポーツ紙のインタビューで、ご自身の結婚生活について「結構上手くいっていると、自分では思っていたのですが（突然、女房から離婚宣言をされた）」と答えられています。

今回のアンケートでは、「羨ましいご夫婦だった」（70代男性）、「離婚された後の変わらない愛の深さを見て男らしいと思った」（70代女性）など、江利チエミさんとの結婚生活、離婚、そして江利さんが亡くなられた後までの高倉さんの振る舞いに共感し、そこに美しさを見出している回答が多くありました。

今、振り返って、江利さんとの結婚をどのように思い出されていますか。

自分は、うまくいかなかったので、語る資格がないと思っていますが、世の中は願っているとおりにはいかないということですね。

「そんなことをぺらぺら言うような九州男児にはなりなさんな」という母の声が聞こえてくるので、あまり喋りません。

質問⑥

「私生活を明かさず、秘密のベールのまま」（60代女性）であることが、魅力であるという声も多くありました。

ご自身の中で、俳優・高倉健と人間・小田剛一は、どのように棲み分けているのでしょうか。俳優としての自分と普段の自分の違いを考える時はありますか。

俳優・高倉健は、お金をもらって仕事をしながらいろいろな監督の理想像、男性像を教わってきたような気がする。

俳優にも、いろんな生き方があると思うけど、自分はプライベートを晒したり、売り物にするのは好きじゃない。

私生活のイメージが強すぎると、役の雰囲気を損ないかねないと思うから。

時々、少年時代の小田剛一が懐かしい時はあります。

仲のいいやつと大声で話したり、同級生が田んぼに並んで集団野糞をしたりね。ティッシュなんか洒落たものがない時代で、学校で書いた習字の半紙で後始末するから、何ヶ月もそのまま名前入りで残ってるんだ。そこ通るたびに「これはお前のウンコたい」って棒で突いて笑いこけてね……。

物も金もないけど、温かい少年時代でした。

質問⑦

単行本として出された『高倉健インタヴューズ』の中で、撮影現場では、俳優として平常心でいるためにいつも変わらずカレーと豚汁ばかり食べていると発言されていました。
いつも変わらずにあるために、他に心がけておられることはありますか。

カレーと豚汁ばかりじゃありませんが、撮影中、食べ物、飲み物にはとっても気を遣っています。撮影中に病気や怪我でスケジュールに迷惑をかけないことを言い聞かせているからです。
ですから、親兄弟の葬式にも行ったことがありません。

地方ロケで、いくら美味しそうなものを出していただいても、生ものは遠慮させていただくのはその為。
いろいろご招待も受けたりしますが、非礼と思いつつお断りするのは、自分の健康管理の為なんです。

俳優として売れる、信頼される条件その一は、撮影中、病気、怪我、そしてスキャンダル（法律を犯すような）がないこと。

健康管理については、できるだけ最新の情報を得るようにして、信頼している医師にチェックを受けています。サプリメントを摂るようにしたのも若い頃からでした。身体にいいといわれる情報にはかなり昔から敏感で、海外の友人などから積極的に情報を得るようにしています。

質問⑧

二〇一二年に朝日新聞のインタビューで、「そろそろ役者をやめなきゃいかんなと考えていた」が、共演した大滝秀治さんの演技を見て考えを改めた、と話しておられました。今のお気持は、生涯現役でしょうか。それとも、です。

どこかで引退をお考えでしょうか。

幸いにも、俳優にはその年代相応の役があって、定年制度がありません。

マラソンじゃないから長くやることにこだわっているのではなく、台詞が覚えられない、身体が動かない、何よりも大切な心が動かないと思ったら、迷惑をかけるので、その時判断したい。

質問⑨

「映画の監督をしてみたい」というご希望がおありと伺いました。もし、今すぐ撮影できるとしたらどのような作品を作りたいとお考えですか。

わかりません。

質問⑩

最後にお聞きします。

日本のシニアが選んだ「美しき人」が高倉さんですが、その高倉さんが理想とする「美しき人」とは、誰でしょうか。理由とともにお願いします。

多くの人があえぎながら生きて行く人生で、その人の心意気を垣間見たとき、僕は美しいと感じます。

美しさとは、他者に対しての優しさではないでしょうか。

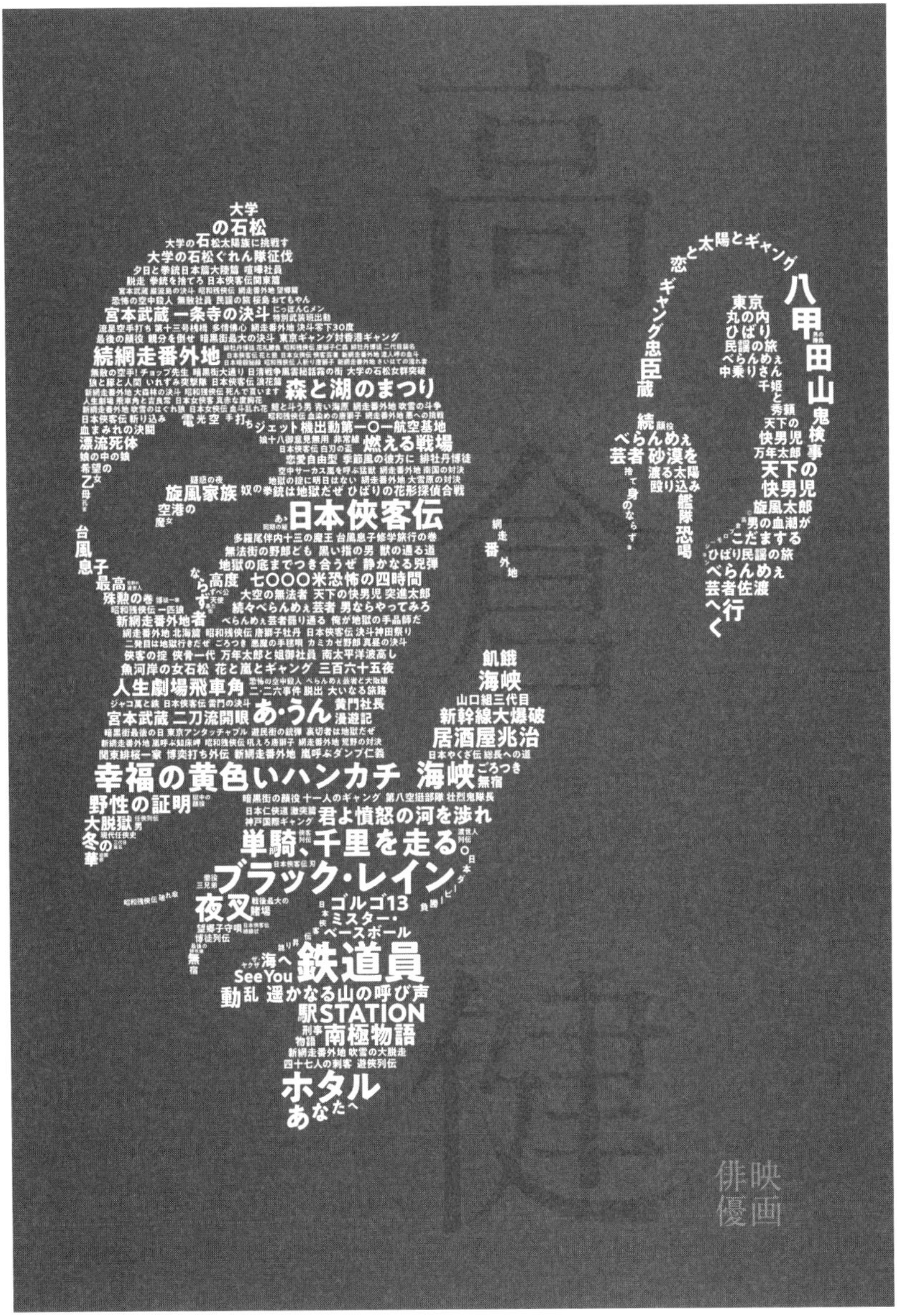

2022年3月
TBS×RKB ドキュメンタリー映画祭「むかし男ありけり」上映時に制作した、
高倉健 生涯出演作205本をタイトルコラージュしたフライヤー。

高倉健　没後の活動記録

二〇一四年～二〇二三年

2015年2月
「高倉健 Ken Takakura 1956-2014」
（文藝春秋）出版。

2016年11月～2018年11月
毎日新聞社主催 追悼特別展「高倉健」
全国の美術館10会場を巡回。

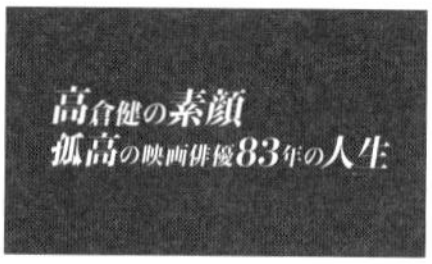

2017年12月
BS朝日 ザ・ドキュメンタリー
「高倉健の素顔～孤高の映画俳優・
83年の人生」放送。

2020年2月
「高倉健の美学」（文藝春秋）出版。

2015年6月～2016年5月
法務省「社会を明るくする運動」
啓発ポスター。

2016年11月
「少年時代」（集英社）出版。
（生前に書かれた自伝エッセイに、
遺稿を加えた絵本）

2019年10月
「高倉健、その愛。」（文藝春秋）出版。

2020年7月
『高倉健の想いがつないだ人々の証言
「私の八月十五日」』（今人舎）出版。
（終戦の日の証言集）

2021年11月
ビクターオンラインストア限定
高倉健オリジナルポータブル
アナログプレーヤー発売。

2021年11月
生産限定アナログ盤
「風に訊け」
（ビクターエンタテインメント）
発売。

2021年3月
高倉健生誕90年記念企画
「風に訊け」
（ビクターエンタテインメント）
未発表2曲を含むオールタイム
ベストアルバムCD発売。

2021年11月
プレミアムボックス
「高倉健 TIMELESS VOICE ～時を超えた声のたより～」
日本映画専門チャンネル発売。

2021年11月
BS255 日本映画専門チャンネル
「健さんに逢いたい
～映画俳優・高倉健 歌の世界～」放送。
（レコード制作過程を追った
ドキュメンタリー番組）

2022年3月
「高倉健、その愛。」中国語版
（花城出版社）出版。

2022年2月
高倉健生誕90年記念企画
「風の手紙 1975-1983
CANYON RECORDS YEARS」
（ポニーキャニオン）発売。

2023年 春
永楽屋 オリジナル「高倉健コラボ手拭い」発売。

本書は書き下ろしです。

小田貴月（おだ・たか）

1964年、東京都生まれ。

女優を経て、海外のホテルを紹介する番組のディレクター、

プロデューサーに。96年、香港で高倉健と出会う。

2013年、高倉健の養女に。

現在、高倉プロモーション代表取締役。

著書に『高倉健、その愛。』。

高倉健《たかくらけん》、最後《さいご》の季節《とき》。

2023年3月30日　第1刷発行
2023年4月15日　第2刷発行

著　者　小田貴月《おだたか》

発行者　大松 芳男

発行所　株式会社　文藝春秋

〒102-8008 東京都千代田区紀尾井町3-23
電話　03-3265-1211

印刷所　大日本印刷
製本所　大口製本
組　版　東畠史子

ISBN978-4-16-391670-5

自宅にて